PREDICANDO DE LA Otra MANERA

COMO DESARROLLAR **UN EQUIPO DE PREDICACIÓN** EN TU IGLESIA

Predicando De La Otra Manera
by JD Pearring

© Copyright 2018, Spanish Lnguage © 2020 by James David (JD) Pearring Sr. All rights reserved.

Scripture quotations marked (NIV) are from The Holy Bible, New International Version®, NIV®. Copyright © 1973, 1978, 1984 by Biblica US, Inc.®. Used by permission.

Scripture quotations marked (NKJV) are taken from the Holy Bible, New King James Version. Copyright © 1982 by Thomas Nelson, Inc. All rights reserved. Used by permission.

Scripture quotations marked (ESV) are from The Holy Bible, English Standard Version, Copyright © 2001, 2007, 2011, 2016 by Crossway Bibles, a division of Good News Publishers. Used by permission. All rights reserved.

Scripture quotations marked (CEB) are taken from the Common English Bible® Copyright © 2010, 2011 by Common English Bible,™ Used by permission.

Scripture quotations marked (NIrV) are taken from The Holy Bible, New International Reader's Version®, NIrV® Copyright © 1995, 1996, 1998, 2014 by Biblica, Inc.™ Used by permission of Zondervan. All rights reserved worldwide.

Scripture quotations marked (NCV) are taken from The Holy Bible, New Century Version®. Copyright © 2005 by Thomas Nelson, Inc. Used by permission.

Scripture quotations marked (NLT) are taken from The Holy Bible, New Living Translation, Copyright ©1996, 2004, 2007, 2013, 2015 by Tyndale House Foundation. Used by permission of Tyndale House Publishers, Inc., Carol Stream, Illinois 60188. All rights reserved.

Scripture quotations marked (Phillips) are from The New Testament in Modern English by J.B Phillips Copyright © 1960, 1972 J. B. Phillips. Administered by The Archbishops' Council of the Church of England. Used by Permission.

Scripture quotations marked (AMP) are taken from the Amplified Bible, Copyright © 1954, 1958, 1962, 1964, 1965, 1987 by The Lockman Foundation. Used by permission.

Scripture quotations marked (CEV) are from the Contemporary English Version Copyright © 1991, 1992, 1995 by American Bible Society. Used by Permission.

Scripture quotations marked (GNV) are from the Geneva Bible, 1599 Edition. Published by Tolle Lege Press. All rights reserved.

Scripture quotations marked (TLB) are taken from The Living Bible Copyright © 1971. Used by permission of Tyndale House Publishers, Inc., Carol Stream, Illinois 60188. All rights reserved.

Published in collaboration with  LAMP POST inc.
www.lamppostpublishers.com

Without limiting the rights under copyright reserved above, no part of this publication — whether in printed or ebook format, or any other published derivation — may be reproduced, stored in or introduced into a retrieval system, or transmitted, in any form or by any means (electronic, mechanical, photocopying, recording or otherwise), without the prior written permission of the publisher.

The scanning, uploading, and distribution of this book via the Internet or via any other means without the permission of the publisher is illegal and punishable by law. Please purchase only authorized electronic editions and do not participate in or encourage electronic piracy of copyrightable materials.

Published by:
EXCEL LEADERSHIP PUBLISHING
8737 Santa Ridge Circle • Elk Grove • CA • 95624
www.excelleadershipnetwork.com

Trade Paperback: ISBN-13 # 978-1-60039-127-9

A Daniel y Tury Nuñez

Contents

Prefacio vii

Introducción: ¿Por Qué Predicas Todos Los Domingos? xi

Sección Uno: ¿POR QUÉ? | 3

1. VOLVER 5
2. TRABAJO EN EQUIPO HACE QUE EL ESQUEMA TRABAJE 20
3. LA TERCERA CLAVE 33
4. CONTROLAR LA GLORIA 48

Sección Dos: ¿QUÉ? | 63

5. EN UNA MISIÓN 65
6. UNA ALA Y UNA ORACIÓN 82
7. UN SECRETO PASADO POR ALTO 100

Sección Tres: ¿QUIEN? | 113

8. ENCONTRANDO BUENOS JUGADORES 115
9. LA BANCA 131
10. UNA PALABRA SOBRE LAS MUJERES 139

Sección Cuatro: ¿CÓMO? | 151

11. TIEMPO DE ENTRENAMIENTO 153
12. ¿QUIEN TE ESTA DANDO RETROALIMENTACION? 172
13. LUCHA A TRAVÉS DEL FRACASO 198
14. AUMENTANDO EL NIVEL DE SEGURIDAD 213

Sección Cinco: ¿DÓNDE? | 231

15. ENCONTRANDO LAS OPORTUNIDADES 233
16. NO PASES POR ALTO MALTA 247

Sección Seis: ¿CUANDO? | 261

17. LA ESPERA 263
18. NO TE ESTAS HACIENDO MAS JOVEN 279

PREFACIO

Cuando escuché por primera vez a JD Pearring predicar, no fue en el ambiente más propicio para recibir el corazón de su mensaje. Fue justo antes de que mi esposa Farrah y yo recibiéramos los resultados de una evaluación de plantadores de iglesias de 4 días, llamada Discovery Center. Si nunca te han evaluado, imagina La Voz, Survivor y una dosis de American Ninja Warrior (o eso es lo que se sintió desde el punto de vista de la intensidad al menos). Estábamos esperando resultados que pudieran dar forma a nuestro futuro (piense en la luz roja, la luz amarilla, la luz verde, ¡y realmente queríamos una luz verde!) Y tuvimos que sentarnos a escuchar un mensaje angustioso del tipo que podría decirle: "Tú no estas hecho para plantar una iglesia".

Desde el momento en que JD comenzó a hablar, mi atención fue captada y en minutos, mi corazón se conmovió. Por cierto, esos son factores críticos en la habilidad de un gran predicador para conmover a alguien; tienen que ser cautivadoras y motivadoras, no solo educativas. JD fue ambos. Lo he escuchado dar el mismo mensaje más de 20 veces desde que me uní al personal del Discovery Center hace más de 10 años. Cada vez que lo escucho, recibo algo nuevo. Estoy cautivado de nuevo. Estoy decidido a crecer en mi propia predicación mientras sirvo a la iglesia que plantamos, Rivers Crossing Community Church en Cincinnati, Ohio. JD Pearring tiene la credibilidad de escribir un libro sobre la predicación porque tiene la titularidad, sí, pero más aún porque es un predicador increíble.

He estado predicando durante más de dos décadas y he visto a la Iglesia hacer todo lo posible para atraer a la gente, a menudo minimizando la importancia de la predicación para la salud y el crecimiento de una iglesia local. Algunos han ido tan lejos como para decir que la predicación está muerta. La predicación es ineficaz. La predicación ha perdido su impacto en la cultura. Mark Twain, cuando envejecía y estaba enfermo, dijo la famosa frase: "Los informes de mi muerte son muy exagerados". Bueno, creo que los informes sobre la muerte de la predicación son muy exagerados. Predicar y predicar con excelencia es una de las herramientas más poderosas que Dios le ha dado a la iglesia para alcanzar a los perdidos, hacer crecer discípulos y equipar a los santos.

En el estudio del Pew Research Center sobre por qué la gente elige una iglesia, el 83% de la gente dice que la calidad del sermón fue el factor más importante para elegir una iglesia. Más que sentirse bienvenido. Más que el

PREFACIO

estilo de los servicios, los programas para niños y la ubicación. Predicación. Sin duda la calidad de su predicación es importante.

JD ha descubierto lo que creo que es el ingrediente que falta en muchos púlpitos: ¡más de un ingrediente! Alguien necesita decirlo y oro para que muchas iglesias lean esto y apoyen a su pastor. Muchas iglesias están dominadas por un pastor agotado que predica entre 48 y 50 domingos por la mañana al año, sin mencionar los domingos por la noche y un estudio bíblico a mitad de semana. Su predicación será mejor cuando tenga un equipo de predicación. Un equipo de retroalimentación. Un equipo de preparación. Un equipo para prevenir el agotamiento. Un equipo para una nueva perspectiva. Un equipo para reflejar el ejemplo de las Escrituras.

Me encanta lo que dice JD: "Todos, incluso los predicadores, necesitan un empujón. ¿Por qué enseñar en equipo? Enseñar en un concepto de equipo les da a todos un impulso y ayuda a todos a mejorar. Si no estamos en un equipo, podemos sofocar nuestro propio crecimiento". No reprima su crecimiento. Deje que JD lo empuje a crecer como predicador y lo empuje a desarrollar un equipo si no tiene uno.

En Rivers Crossing, nos hemos beneficiado enormemente de los principios que JD comparte en Predicando De La Otra Manera. Obtendrá información sobre los procedimientos prácticos de la enseñanza en equipo, así como nuevas ideas si ya está implementando muchos de estos principios en su contexto. Sus capítulos en el banquillo, las mujeres y el tiempo de entrenamiento son oro.

La sabiduría de JD no tiene precio, pero los estudios de caso al final de cada capítulo brindan lo que cuenta: aplicación práctica e implementación en el mundo real. No veo la hora de que este libro beneficie no solo a su predicación, sino al reino de Dios. Empiece a predicar de la otra manera. Hoy.

Pastor Paul Taylor
Pastor principal | Iglesia Comunitaria Rivers Crossing

INTRODUCCIÓN

¿POR QUÉ PREDICAS TODOS LOS DOMINGOS?

A pesar de las malas palabras de la predicación y los predicadores, nadie que tome en serio la Biblia debería contar la predicación. Para los escritores del Nuevo Testamento, la predicación es el evento a través del cual Dios obra.

—Haddon Robinson, *Predicación Bíblica*

El trabajo de predicar es el llamado más alto, más grande y glorioso al que cualquiera puede ser llamado.

—Martyn Lloyd Jones

Si tuviera que hacerlo todo de nuevo, obtendría ayuda.

—George Ghegan

Dudo en escribir sobre la predicación. Es un tema tan sensible, lleno de emociones. Y la mayoría de nosotros los predicadores sentimos que ya somos grandiosos en eso. Casi todos se consideran un buen conductor, bueno besando y un buen predicador.

Un pastor conducía a su casa desde la iglesia después de un domingo cuando realmente pensó que había pegado un jonrón con su sermón. "¿Cuántos predicadores verdaderamente grandes crees que están ahí fuera, cariño?", Le preguntó confiadamente a su esposa. Ella respondió: "Uno menos de lo que crees, querido".

Dale Hummel de Wooddale Church en Minnesota insiste en que no es un accidente al que a menudo nos referimos como "dar un sermón". Hummel dice que predicar es algo así como dar a luz a un bebé: hemos dedicado mucho tiempo, incomodidad y trabajo duro. Entonces Hummel agrega: "¡Y nadie quiere que le digan que tienen un bebé feo!"

No quería escribir sobre la predicación, pero un evento me empujó a hacerlo.

Ese día no fui el orador, pero estaba en el panel de mensajes posteriores. En nuestra iglesia, regularmente empleamos un panel para responder preguntas después del sermón y sobre el sermón. Las preguntas y respuestas de esa mañana iban bien cuando una pregunta me sacudió. Alguien había enviado un mensaje de texto con esta pregunta: "¿Qué arrepentimientos tienes como padre?"

Parecía un problema bastante simple. Pero algo al respecto me sobresaltó.

No soy un hombre de arrepentimiento, y he sentido que he sido un buen padre, en realidad un muy buen padre. Había seguido un sencillo guion para el éxito: primero, intenté mantenerme cerca de nuestro padre celestial y apuntar a mis hijos hacia Él. En segundo lugar, me casé bien. Me volé la barda cuando yo me encontré con a Lori, que es una madre increíble, amorosa, atenta y estupenda. En tercer lugar, me quedé casado con Lori. Y cuarto, valoré la relación por encima de las reglas con los niños. Entonces, me creí un padre sin arrepentimientos.

INTRODUCCIÓN

Pero ese día un arrepentimiento vino a golpearme directo en la cara. Estoy bastante seguro de que ni siquiera me pidieron que respondiera la pregunta del arrepentimiento. Escogieron a alguien más. Pero sentí que el Espíritu Santo me redarguyo. Este pensamiento se estrelló en mi cerebro: "Prediqué demasiado".

Fui pastor todo el tiempo que nuestros hijos crecieron y pasé casi cada domingo predicando. Normalmente predicaba casi cincuenta fines de semana al año, lo que significaba que tenía síndrome- pre- mensaje, casi todos los sábados, mientras mis hijos crecían. Los sábados apestaban, y fue mi culpa. Abarroté cada fin de semana con mi ocupación previa con el sermón, no es necesariamente algo malo preocuparse por enseñar bien. Pero podría haber sido un mejor padre, una mejor persona, un mejor predicador, si hubiera hecho algunas cosas de manera diferente.

Permítanme hacer esta confesión: durante varios años prediqué cincuenta y tres veces al año (todos los domingos y vísperas de Navidad). Mi patrón típico era hablar de cuarenta y ocho a cincuenta domingos al año. Tenía mucho cuidado de dejar que otra persona "llenara el púlpito". Era demasiado cuidadoso, demasiado controlador y arrogante.

Desde entonces me he arrepentido. Pasé de hablar todo el tiempo a hablar cuarenta veces al año. Luego reduje mis sermones a veintiséis o menos veces por año. Hace unos años, renuncié y mi hijo se convirtió en el Pastor Principal. Me pidió que sirviera como entrenador del equipo de enseñanza. Ahora, predico solo una vez al mes, y en realidad me pagan para ayudar a otras personas a predicar. Mi trabajo es juntar y servir a nuestro equipo de enseñanza. No más acaparamiento del púlpito. Predicar menos en realidad ha sido uno de los mejores regalos que me podría haber dado a mí mismo, y a mi iglesia.

De hecho, descubrí que cuando predico menos, hago un mejor trabajo. Tan bueno como pensé que predicaba, me he vuelto más hábil al no enfrentar la tarea todos los domingos.

Por lo tanto, me gustaría animarlo a unirse a mí como un acaparador de púlpitos que ahora se está recuperando. Demos una oportunidad a la siguiente persona.

Por supuesto, he escuchado las excusas habituales para no dejar que otros prediquen:

- **"Realmente logro predicar"**. Es mi regalo, siempre he predicado casi todos los domingos y es el único modelo que he visto. La iglesia sufrirá si no estoy hablando.

- **"Predicar es mi trabajo principal como el Pastor Principal"**. Mi función principal es hablar en los servicios de los fines de semana. Me pagan por predicar.

- **"No hay nadie más en nuestra iglesia que pueda hablar de manera efectiva"**. Me encantaría tener a alguien que nos ayude a compartir la pesada carga de la predicación, pero los oradores talentosos no se encuentran en ningún lugar.

INTRODUCCIÓN

- **"Otras personas no están entrenadas para predicar"**. Fui a la Escuela Bíblica, fui al Seminario. Podemos tener algunos predicadores potenciales entre nosotros, pero ellos no saben lo que están haciendo. No puedo arriesgarme a dejarlos sueltos en nuestra congregación.

- **"Si tuviéramos un equipo completo capacitado para predicar, ¿dónde encontraríamos oportunidades para que todos prediquen?"** Recibo el concepto, pero no creo que haya espacio para más maestros.

- **"Hay alguien que quiere predicar, pero no tiene dones"**. No puedo abandonar el púlpito porque los predicadores pobres intervendrían y harían un desastre.

- **"Nuestra iglesia simplemente no está lista para un cambio dramático, como pasar a la enseñanza en equipo"**. Sé que tiene sentido, pero todavía no estamos allí.

- **"Honestamente, soy un poco inseguro"**. No estoy seguro de cómo me las arreglaría si no estuviera en el escenario todos los domingos, o peor aún, si alguien más en la iglesia fuera tan bueno o incluso mejor predicador que yo.

Existen numerosas excusas razonables para no pasar a un enfoque de equipo. Pero al final, todavía son solo excusas.

Las Diez Mejores Excusas de Una Mente Cerrada
10. Lo intentamos antes, no funcionó.
9. Nuestra situación es diferente.
8. Te costará demasiado.
7. No tenemos el tiempo.
6. Es contra la política de la empresa.
5. Ese no es nuestro problema.
4. No estamos listos para eso.
3. Formemos un comité.
2. Es demasiado problema para cambiar.
1. Nunca lo hemos hecho así antes.

En su libro, *Extreme Ownership*, Jocko Willink y Leif Babin, los líderes de Navy Seals escriben: "Una vez que las personas dejan de poner excusas, dejan de culpar a los demás y se apropian de todo lo que tienen en sus vidas, se ven obligadas a actuar para resolver sus problemas. Son mejores líderes, mejores seguidores, miembros del equipo que contribuyen y más confiables, y más capacitados para conducir agresivamente hacia el logro de la misión. Pero también son humildes, capaces de evitar que sus egos dañen las relaciones y afecten negativamente a la misión y al equipo".[1]

Brian Moran insiste: "Puedes poner todas las excusas que quieras; al mundo no le importa Tan duro como suena,

---

[1] Jocko Willink and Leif Babin, *Extreme Ownership: How U.S. Navy SEALs Lead and Win* (New York: St. Martins, 2017), Kindle Edition.

INTRODUCCIÓN

es la verdad. Oh, es posible que de vez en cuando obtengas un poco de simpatía, y quizás si realmente tienes suerte con una cerveza gratis, pero eso es todo ... Resuelve ahora mismo para que nunca más dejes que las excusas te impidan alcanzar tus metas".[2]

Quiero animarte a superar las barreras de la excusa y dar un gran paso hacia la predicación de la otra manera: con, en y a través de un equipo.

Este libro buscará trabajar con las objeciones a la enseñanza en equipo abordando las excusas, al tiempo que ofrece consejos prácticos sobre cómo formar y desarrollar un equipo de enseñanza. Lo haremos en primer lugar, consultando el Libro de los Hechos en la Biblia para ver cómo los líderes de la iglesia primitiva abordaron este tema, y lo haremos en un formato de: ¿Por qué? ¿Qué? ¿Quien? ¿Cómo? ¿Dónde? ¿Cuándo?

Este libro está dirigido principalmente a los predicadores, aquellos que son oradores regulares, que a menudo están "en el púlpito" de su iglesia o ministerio. Pero también está diseñado para ayudar a otros dos grupos: 1. Aquellos que hacen cualquier enseñanza cristiana: oradores a tiempo completo, presentadores a tiempo parcial. 2. Aquellos que piensan que pueden tener un don o un talento para predicar o enseñar (en este libro no entro en las diferentes definiciones o matices de predicar versus enseñar) o hablar en público y quieren seguir creciendo en su don.

Todas las ganancias de este libro se destinarán a promover nuevas iglesias comenzando en todo el mundo a

---

[2] Brian Moran and Michael Lennington, *The 12 Week Year: Get More Done in 12 Weeks than Others Do in 12 Months* (Hoboken, NJ: Wiley, 2013), 146.

través de Excel Leadership Network y sus socios, con la esperanza de que todas esas nuevas iglesias empleen también un enfoque de enseñanza en equipo.

Sería una tontería escribir un libro sobre equipos de enseñanza únicamente desde la perspectiva de un solo hombre, por lo que esta es una opinión más que individual. Los equipos de predicadores de la Iglesia Journey trabajaron a través de este material. Y cada capítulo presenta una iglesia que está implementando un enfoque de enseñanza en equipo. Estos ejemplos de la vida real provienen de líderes que son amigos míos, colegas y compañeros de viaje en el trabajo en equipo.

Y cada capítulo incluirá un "Gran desafío" para ayudar a poner los principios en práctica.

Francis De Sales concluyó: "La prueba de un predicador es que su congregación se va diciendo, no 'Qué hermoso sermón', sino 'Haré algo'".

La acción no es solo la prueba de un predicador, también es la mejor prueba de un libro.

EL GRAN RETO:

Usando las listas de excusas en la introducción del libro como referencia, haga una lista de sus propias excusas que puedan impedirle probar un equipo de enseñanza en su ministerio. Ora por la lista, pidiéndole al Espíritu Santo que te ayude a ver qué excusas son válidas y cuáles podrían ser algunas soluciones posibles.

PREDICANDO DE LA Otra MANERA

SECCIÓN UNO

¿POR QUÉ?

CAPÍTULO 1

VOLVER

En la mayoría de los entornos empresariales, las presentaciones son asuntos de equipo.
—Peter Coughter, *The Art of the Pitch*

Haz del ministerio un deporte de equipo, es mucho más divertido.
—Chris Brown

Cuando un pastor líder establece un equipo de enseñanza, establece un ejemplo para todos los demás líderes. Amplía el ministerio de la iglesia al hacer que más personas participen y menos personas espectadoras. Protege contra el agotamiento en un individuo. Y establece líderes que pueden "sembrar" otra plantación de iglesia.
—Jeff Sammons

Un profesor escuchó sobre un dinosaurio real todavía vivo en las selvas tropicales de América del Sur. Así que el profesor lanzó una expedición científica. Después de varias semanas, se encontró con un hombrecito vestido con un taparrabos, parado cerca de un dinosaurio muerto de 300 pies de largo. El científico no podía creerlo. "¿Mataste a este dinosaurio?" Preguntó. "Sí", respondió el nativo de la selva. "¡Pero es tan grande y tú eres tan pequeño!

¿Cómo lo mataste?", Preguntó el profesor. "Con mi club", respondió el primitivo compañero. "¿Qué tan grande es tu club?" Preguntó el científico. El hombrecito respondió: "Bueno, somos unos cien…"

> En la iglesia de Antioquía eran profetas y maestros Bernabé; Simeón, apodado el Negro; Lucio de Cirene; Manean, que se había criado con Herodes el tetrarca; y Saulo.
>
> Hechos 13:1 (NVI)

La iglesia en Antioquía fue posiblemente la iglesia más grande en la historia.

> Fue en Antioquía donde a los discípulos se les llamó "cristianos" por primera vez.
>
> Hechos 11:26 (NVI)

Esta iglesia puso al cristianismo en el mapa. Y en esta increíble asamblea había un equipo de predicadores. No fue una reunión con un pastor superestrella, un predicador estrella o el mismo maestro hablando en cada reunión. Había un equipo.

Podríamos pensar que el concepto de equipo era solo una anomalía para la iglesia en Antioquía, hasta que se nos recuerda la exhortación del apóstol Pablo en su segunda carta a Timoteo:

> Lo que me has oído decir en presencia de muchos testigos, encomiéndalo a creyentes dignos de

confianza, que a su vez estén capacitados para enseñar a otros.

2 Timoteo 2:2 (NVI)

Pablo dirige a los líderes a desarrollar maestros.

Vemos esto nuevamente cuando Pablo instruye a los Corintios sobre su orden de adoración.

> ¿Qué concluimos, hermanos? Que, cuando se reúnan, cada uno puede tener un himno, una enseñanza, una revelación, un mensaje en lenguas, o una interpretación. Todo esto debe hacerse para la edificación de la iglesia. Si se habla en lenguas, que hablen dos – o cuando mucho tres – cada uno por turno; y que alguien interprete. Si no hay intérprete, que guarden silencio en la iglesia y cada uno hable para sí mismo y para Dios. En cuanto a los profetas, que hablen dos o tres, y que los demás examinen con cuidado lo dicho. Si alguien que está sentado recibe una revelación, el que esté hablando ceda la palabra. Así todos pueden profetizar por turno, para que todos reciban instrucción y aliento.
>
> 1 Corintios 14:26-31(NVI)

No voy a fingir que entiendo todo o incluso la mayoría de las cosas acerca de estas instrucciones. Y no estoy seguro de que todos tengamos que estar en la misma página en cuanto a lo que significa hablar en lenguas o la definición exacta de un profeta. Pero sí creo que podemos obtener cierto consenso de que más de una persona estuvo involucrada en la parte oral de los servicios. Parece que hay un equipo en el mundo de la predicación de la iglesia primitiva.

Una mirada amplia al Libro de los Hechos revela que estas personas dan algún tipo de sermón, mensaje o proclamación:

Jesús	Hechos 1:1	Pedro	Hechos 10:28
Jesús	Hechos 1:3	Cornelio	Hechos 10:30
Jesús	Hechos 4-8	Pedro	Hechos 11:4
Pedro	Hechos 1:15	Los que habían sido dispersados	Hechos 11:19
Pedro	Hechos 2:14		
Pedro	Hechos 3:12	Algunos creyentes en Antioquía	Hechos 11:20
Pedro y Juan	Hechos 4:1		
Todos los creyentes	Hechos 4:31	Bernabé y Saulo	Hechos 11:26
Los apóstoles	Hechos 4:33	Agabo	Hechos 11:28
Los apóstoles	Hechos 5:21	Rode	Hechos 12:13
Pedro y los otros apóstoles	Hechos 5:29	Pedro	Hechos 12:17
Gamaliel (un fariseo al sanedrín)	Hechos 5:35	Bernabé, Simeón, Lucio, Manaén, Saulo	Hechos 13:1
Los apóstoles	Hechos 5:42	Bernabé y Saulo	Hechos 13:5
Esteban	Hechos 7:2	Pablo	Hechos 13:16
Los que habían sido dispersados	Hechos 8:4	Pablo	Hechos 13:44
Felipe	Hechos 8:5	Pablo y Bernabé	Hechos 13:46
Felipe	Hechos 8:12	Pablo y Bernabé	Hechos 14:1
Pedro y Juan	Hechos 8:25	Bernabé y Saulo	Hechos 14:12
Felipe	Hechos 8:40	Pablo y Bernabé	Hechos 14:21
Saulo	Hechos 9:20	Ciertas personas	Hechos 15:1
Bernabé	Hechos 9:27	Algunos de los creyentes que pertenecieron a la fiesta de los fariseos	Hechos 15:5

Pedro	Hechos 15:6	Pablo	Hechos 19:8
Bernabé y Pablo	Hechos 15:12	Pablo	Hechos 20:2
Santiago	Hechos 15:13	Pablo	Hechos 20:7
Judas y Silas	Hechos 15:32	Pablo	Hechos 20:18
Pablo y Bernabé	Hechos 15:35	Las cuatro hijas solteras de Felipe	
Muchos otros	Hechos 15:35		Hechos 21:9
Pablo, Silas y Timoteo	Hechos 16:4	Agabo	Hechos 21:11
Pablo, Silas, Timoteo y Lucas	Hechos 16:13	Santiago y los ancianos de Jerusalén	
Pablo y Silas	Hechos 16:31		Hechos 21:20
Pablo	Hechos 17:2	Pablo	Hechos 21:40
Paul and Silas	Hechos 17:11	Pablo	Hechos 32:1
Pablo	Hechos 17:13	El sobrino de Pablo	Hechos 23:20
Pablo	Hechos 17:22	Pablo	Hechos 24:10
Pablo	Hechos 18:4	Pablo	Hechos 24:25
Pablo	Hechos 18:19	Pablo	Hechos 25:8
Apolos	Hechos 18:25	Pablo	Hechos 26:2
Priscilla y Aquila	Hechos 18:26	Pablo	Hechos 27:9
Apolos	Hechos 18:28	Pablo	Hechos 27:21
Donald Trump	Hechos 18:99	Pablo	Hechos 28:17
Pablo	Hechos 19:4	Pablo	Hechos 28:31

Claramente, hay una gran cantidad de Pedro y una gran cantidad de Pablo, pero hay al menos veinte otros que predicaron.

El patrón bíblico podría verse fácilmente como un modelo para la enseñanza en equipo. Sugiere que el objetivo principal del liderazgo es la multiplicación, no necesariamente el ministerio de la mega iglesia. Los líderes de la iglesia primitiva buscaban constantemente identificar y desarrollar el siguiente nivel y la próxima generación de líderes. Volvamos a este patrón bíblico. Si fue bueno para Pablo y Silas, debería ser lo suficientemente bueno para nosotros.

> No permitan que nadie lo trate con desprecio. Despídanlo con su bendición cuando regrese para estar conmigo. Espero que venga, junto con los demás creyentes.
>
> 1 Corintios 15:11 (NTV)

> Estos son los dones que Cristo le dio a la iglesia: los apóstoles, los profetas, los evangelistas y los pastores y maestros. Su responsabilidad es equipar al pueblo de Dios para hacer su trabajo y edificar la iglesia, el cuerpo de Cristo.
>
> Efesios 4:11-12 (NTV)

A los predicadores debemos recordarles continuamente que nuestro trabajo principal no es hacer el trabajo tanto como equipar a otras personas para que realicen su trabajo.

Varios caballos de carreras descansan en un establo. Uno de ellos empieza a jactarse de su trayectoria. "¡En las últimas dieciséis carreras, gané ocho de ellas!" Otro caballo irrumpe: "¡Bueno, en las últimas veintisiete carreras, gané veinte!" "Oh, eso es bueno, pero en las últimas treinta y cuatro carreras, ¡he ganado veintinueve! "dice otro, agitando su cola. En este punto, notan que un perro galgo ha estado sentado allí escuchando. "No quiero presumir", dice el galgo, "pero en mis últimas noventa y una carreras, ¡he ganado ochenta y nueve de ellas!" Los caballos están claramente asombrados. "¡Guau!", Dice uno, después de un silencio silencioso, "¡Un perro que habla!"

¿Cuál es el punto de esa broma? Probablemente hay más dones para hablar de lo que nunca pensamos.

Durante años he considerado los siete dones espirituales enumerados en el capítulo 12 de Romanos como las siete categorías principales de dones:

> En su gracia, Dios nos ha dado diferentes dones para hacer bien ciertas cosas. Entonces, si Dios te ha dado la capacidad de profetizar, habla con tanta fe como Dios te ha dado. Si tu don es servir a otros, sírvelos bien. Si eres profesor, enseña bien. Si su don es animar a otros, sea alentador. Si está dando, da generosamente. Si Dios te ha dado capacidad de liderazgo, toma la responsabilidad seriamente. Y si tiene un don para mostrar bondad hacia los demás, hágalo con gusto.
> Romanos 12:6-8 (NTV)

Pablo enumera profeta, servicio, enseñanza, ánimo, ofrenda, liderazgo y misericordia entre los dones. Al menos uno de estos tiene que ver con la enseñanza, y si cuentas profeta y aliento, entonces 3 de cada 7 hablan dones. En algún lugar entre el 15% y el 40% de los dones tienen que ver con hablar, y, sin embargo, ¿la iglesia típica en América del Norte tiene una persona que hace más del 90% de los sermones?

Jesús dijo: "Como el Padre me envió, yo os envío" (Juan 20:21).

Lucas agregó esto sobre el apóstol Pablo: "Luego envió a Macedonia a dos de sus ayudantes, Timoteo y Erasto, mientras él mismo se quedó por un tiempo en Asia" (Hechos 19:22, Phillips).

El enfoque bíblico claro de la enseñanza revela que es un asunto de equipo, y el objetivo es reproducir discípulos, líderes y maestros.

Los sermones en los primeros días de la iglesia consistían en leer pasajes sencillos de las Escrituras, seguidos de una breve explicación y exhortación. La sinagoga en el momento de Cristo tuvo un tiempo de discusión interactiva después de que un orador terminó. Jesús habló más a menudo y luego dialogó con sus oyentes. En la iglesia primitiva, dado que la mayoría de los servicios se realizaban casa por casa (Hechos 20:20), no se tardó mucho en formalizar los servicios de la iglesia con la comunión, que ocupa el primer lugar en las reuniones.

En un par de cientos de años, la predicación se convirtió en responsabilidad exclusiva de los obispos, incluso Agustín y Crisóstomo solo predicaban con el permiso de su obispo.

El historiador Jeff Sammons explica:

> Cada vez más el latín se convirtió en el lenguaje estándar de la iglesia, y cuando el Imperio Romano se derrumbó entre los 300 y los 400, solo unos pocos educados (tal vez el 1%) podían entender los sermones. No era raro en la Edad Media que los sacerdotes leyeran sermones en latín, aunque sus feligreses no sabían el idioma. Muchos sacerdotes eran analfabetos, y básicamente falsificaban la lectura de

las escrituras y los sermones con la certeza de que sus feligreses igualmente analfabetos nunca se enterarían. Tan pronto como John Wycliffe en la década de 1380, algunos en la Iglesia Católica sintieron que las personas que estaban en la iglesia debían entender la Biblia y comenzaron a traducirla a sus idiomas cotidianos. Con el inicio de la Reforma protestante en 1517, las Biblias fueron traducidas y producidas en otros idiomas además del latín. La imprenta también hizo que las Biblias estuvieran más disponibles, por lo que el conocimiento de la Palabra se amplió.

Los protestantes también creían en el sacerdocio de todos los creyentes mientras eliminaban la jerarquía que había gobernado la Iglesia Católica (obispos, cardenales y papas). La predicación se convirtió en responsabilidad del pastor local, que se esperaba que diera cien sermones diferentes cada año, cada uno de unos cuarenta y cinco minutos de duración. Alrededor de este tiempo comenzaron a aparecer bancos en las iglesias para que las personas pudieran sentarse durante estos sermones. En 1519, el reformador suizo Ulrich Zwingli anunció que ya no daría el sermón aprobado, sino que pasaría por el Nuevo Testamento "de la A a la Z". Ahora, la predicación de la Palabra en un idioma que entendieron se convirtió en el punto focal del servicio, sustituyendo la comunión y el ritual.

Martin Luther animó a sus estudiantes a que manuscribieran sus mensajes, e incluso proporcionó catecismos como una especie de preguntas frecuentes para impulsar el concepto de equipo, pero dentro de una generación de su muerte, la ortodoxia luterana se instaló, lo que claramente sofocó la innovación.

Durante la década de 1700, los hermanos Wesley en Inglaterra y el Primer Gran Despertar en América expandieron la predicación en el reino del predicador laico. Pero después de su muerte, la tradición de un predicador experto gobernó de nuevo el día.

Y todavía existe hoy. Larry Osborne llama a esto "El mito del hombre santo": "Es la idea de que los pastores y el clero de alguna manera tienen una línea más directa con Dios. Llena a una iglesia porque sobrecarga a los pastores y subutiliza los dones y la unción de todos los demás. Equivoca erróneamente los dones de liderazgo con una espiritualidad superior. … Nunca pude entender cómo la aparente dependencia de la gente de mis oraciones, consejos y presencia física cuadran con nuestra creencia declarada en el sacerdocio del creyente: la doctrina del Nuevo Testamento de que cada seguidor de Cristo tiene el privilegio de tener acceso directo a Dios. Es apenas una doctrina periférica. Es uno que Dios mismo enfatizó cuando abrió el telón del templo que, hasta la muerte de Jesús, había separado el Lugar Santísimo de todos, excepto del sumo sacerdote. "Este evento simbolizó el fin de una era en la que se necesitaba un hombre santo especial para estar en la brecha para mediar entre Dios y el hombre".

En la última década, ha habido un impulso alentador hacia el ministerio en equipo y un impulso creciente para volver al ejemplo bíblico de maestros múltiples y la directiva bíblica hacia la multiplicación.

VOLVER

Catedrales, Catacumbas y una Catástrofe.
Recientemente, mi esposa, Lori, y yo fuimos a Europa para apoyar a un plantador de iglesias allí y hablar en uno de los nuevos servicios. Volamos a Alemania, donde viven el hermano de Lori, Mike, y nuestra cuñada, Pandora. Mike y Pandora nos llevaron a Linz, Austria, para servir al plantador de iglesias. En el viaje paramos en numerosas catedrales antiguas y edificios de iglesias. Mike es un gran fan de las catedrales. Yo no soy. Dentro de una de las estructuras antiguas, mi esposa preguntó: "Bueno, ¿qué piensas?" "Esto me pone tan triste", respondí. La arquitectura comunicó que Dios está muy lejos y desinteresado en nosotros, y peor aún, los edificios vacíos de la iglesia declaran que hemos perdido el punto. Nos hemos consumido con nosotros mismos a costa de reproducir líderes y maestros.

En el viaje, Lori y yo nos pudimos escapar un par de días en París. No estábamos seguros de qué lugares se debían ver, pero un compañero de Uber nos sugirió que visitáramos las catacumbas subterráneas. "Hay seis millones de personas enterradas allí", sostuvo. "No hay manera de que haya seis millones de cadáveres allí", pensé, así que pedimos que nos dejaran en las catacumbas y caminamos por los numerosos tramos de escaleras para investigar. ¡Caminamos a través de cientos y miles y tal vez incluso seis millones de esqueletos! La mayoría estaban cuidadosamente apiladas con cráneos en la parte superior y huesos de las piernas en la parte inferior, con el resto de los restos en el medio.

Fue una experiencia mortificante. En realidad, podría haber seis millones o más cuerpos enterrados allí. Intenté no tocar nada y rápidamente me lavé las manos cuando salíamos del sitio. Cuando salimos, noté algo que nunca veríamos en los Estados Unidos: complejo de apartamentos tras complejo de apartamentos construido justo encima de las catacumbas. Miles de personas vivían sobre la propiedad del cementerio.

La vida es corta. Todos estamos parados sobre los hombros de los que vinieron antes que nosotros. Los pensamientos de mortalidad me envolvieron. Pero no fue mi propia transitoriedad lo que me impactó, ni siquiera la mortalidad de mis hijos. Reflexioné sobre mis nietos. Haga los cálculos: si hay 330 millones de personas en Estados Unidos hoy, en cien años, probablemente al menos 300 millones de nosotros estemos muertos. ¿Dónde enterraremos los cuerpos? Más importante que eso, ¿quién continuará después de nosotros? ¿Quién predicará dentro de cien años? ¿Serán predicadores y maestros entrenados por personas que yo formé, o mis mensajes morirán conmigo?

Desde París tomamos un tren y encontramos a Mike y Pandora en la ciudad de Metz, Francia. A fines de junio de 1944, mi padre se dejó caer en las aguas poco profundas de la costa de Normandía. Él y sus compañeros soldados marcharon a través de Francia, liberándolo de la ocupación alemana. El 9 de noviembre de 1944, mientras caminaba por una colina en Metz, mi padre fue golpeado por una bomba. Estaba muy mal; pasó meses en un hospital, perdió su ojo izquierdo y terminó con unas cicatrices impresionantes que aterrorizaron a sus hijos. Cuando era niño, aproximadamente una vez al año, más o menos, papá le pedía a un médico que le quitara un trozo de metralla que llegaba hasta la parte superior de su piel.

Mi cuñado Mike es un veterano militar, y había logrado rastrear algunos planes de combate para esa "Batalla de Metz" en noviembre de 1944. Condujimos alrededor de Metz en busca de la colina real donde mi papá fue golpeado. Fue una experiencia surrealista.

Papá no habló mucho sobre su experiencia de guerra. Pero una vez se abrió. Manteniendo el pulgar y el índice a una pulgada de distancia, papá sonrió y reveló: "Sabes hijo, una pieza de metralla se acercó a esto de mis, ya sabes … partes privadas. Así que estabas tan cerca de no haber nacido nunca. Esa declaración inundó mis pensamientos mientras conducíamos por las colinas de Metz.

Honestamente, todos nosotros estábamos "tan cerca" de no haber nacido nunca. Pero Dios, de manera soberana y estratégica, nos tiene en esta tierra por nuestro corto tiempo. ¿Dejaremos catedrales vacías y esperanzas no cumplidas como nuestro legado? ¿O enseñaremos acerca de Jesús de una manera que entrene y empodere a otros para mantener el mensaje?

Regresemos al mandato bíblico y encontremos personas confiables para entrenar para que también puedan enseñar a otros.

MINI-CASO DE ESTUDIO:
NORTH COAST CHURCH, VISTA, CALIFORNIA

Larry Osborne fue uno de los primeros pastores de nuestra generación en adoptar un enfoque de equipo de enseñanza. Trajo al orador de renombre nacional Chris Brown al personal de North Coast y finalmente le dio a Chris una gran parte de las oportunidades de predicación. Ahora ambos sirven como Pastores Principales.

Actualmente, Larry predica veintidós fines de semana por año, Chris habla de veintidós veces por año y un equipo emergente, que se reúne semanalmente, se encarga de los otros fines de semana.

Cada semana, el equipo abre su reunión de mensajes a cualquier persona en la iglesia. No es colaboración, es investigación. Quienquiera que hable ese fin de semana comparte a dónde va, y el grupo ofrece sugerencias, ideas y sugerencias. Pero el orador tiene poder de veto. Pueden tomar el consejo o dejarlo.

Osborne cita tres ventajas de un enfoque de equipo docente:

1. *Lo hace para un pastor saludable.*

El ministerio es una rutina, pero con un enfoque de equipo, "El pastor puede tener una vida". Compartir la carga permite que un pastor trabaje en el liderazgo y mantiene los sermones actualizados.

2. *Es una familia de pastores saludables.*

Osborne dice que cuando los hijos de un pastor alcanzan el primer grado, "se mete con la familia". Tener un equipo disminuye esta carga. "Los esposos y los niños aman los fines de semana cuando el pastor no tiene que predicar". Pueden asistir a los servicios de la iglesia como todos los demás y obtener una perspectiva nueva y más precisa.

3. *Se hace para una iglesia saludable.*

La iglesia escucha diferentes voces y pasiones y no depende tanto de una persona.

> ## EL GRAN RETO:
> Después de leer sobre la iglesia en Antioquía y el estudio de caso de la Iglesia North Coast de Larry Osborne, haga una lista de los beneficios potenciales que un equipo de enseñanza le brindaría a su ministerio en particular, especialmente en las áreas de crecimiento presente y futuro. *[Bonificación: compare esta lista con la lista de excusas que presentó en la introducción. ¿Cuál tiene más peso?]*

CAPÍTULO 2

TRABAJO EN EQUIPO HACE QUE EL ESQUEMA TRABAJE

La experiencia es de hecho un maestro, pero solo como miembro de una facultad más grande.

—Fred B. Craddock, *Predicación*

El talento gana juegos, pero el trabajo en equipo gana campeonatos.

—Michael Jordan

Solo no logramos nada en este mundo ... y lo que ocurra es el resultado de todo el tapiz de la vida de uno y todos los tejidos de hilos individuales de uno a otro que crea algo.

—Sandra Day O'Connor

Estoy escribiendo esto el día que Haddon Robinson murió. El Dr. Robinson era el presidente del Seminario de Denver cuando asistí allí. Su libro clásico, *La predicación Bíblica*, podría ser el mejor libro de predicación jamás escrito. Era el texto para nuestras clases de predicación. Nunca faltamos cuando Robinson habló en capillas o eventos especiales. Regularmente lo invité a hablar en la iglesia a la que servía, y me esforcé por escucharlo predicar. Cada año, Robinson elegiría entre diez y doce personas mayores para asistir a un curso de predicación avanzada que enseñó. Robinson insistió en que no era en realidad una clase. Él lo llamó, "Discipulado, con la predicación como el tema principal".

Aprendí más sobre la predicación de esa clase que cualquier otra experiencia en el ministerio. Pero la mayor parte del aprendizaje no provino de instrucciones o presentaciones, fue la discusión posterior la que tuvo el mayor impacto. Los consejos personales de Haddon Robinson, el rechazo, el cuestionamiento: "¿Por qué lo dijo de esa manera?" Y su insistencia en no llevar notas al púlpito me han influenciado hasta hoy. "Si estás preparado y luego olvidas una parte de tu mensaje", diría, "significa que esa parte no encajaba".

Recuerdo haber hablado con Scott Wenig, entonces un compañero de clase, ahora instructor de predicación, en la biblioteca del seminario después de una de las sesiones de Robinson con nosotros. Tuvimos un momento "aha" cuando nos dimos cuenta de que Robinson estaba diciendo que crear tensión es una clave enorme para el sermón.

Es posible que aprendamos mejor en un entorno de colaboración, cuando formamos parte de un equipo o cuando formamos parte de un grupo.

Stu Streeter afirma: "Comunidad se come a individual de desayuno".

Las cohortes existían en el Nuevo Testamento:

> Mientras tanto, un judío llamado Apolos, un orador elocuente que conocía bien las Escrituras, había llegado a Éfeso desde Alejandría en Egipto.

> Le habían enseñado el camino del Señor y enseñó a otros sobre Jesús con un espíritu entusiasta y con precisión. Sin embargo, él sólo conocía el bautismo de Juan. Cuando Priscila y Aquila lo oyeron predicar audazmente en la sinagoga, lo llevaron aparte y le explicaron el camino de Dios con mayor precisión.
>
> Hechos 18:24-26 (NTV)

Apolos era entusiasta e incluso sincero, pero se convirtió en un comunicador mejor y más preciso al asociarse con Priscila y Aquila.

Mohammed Ali estaba volando en un avión un día mientras era campeón del título de peso pesado. La azafata le pidió que se abrochara el cinturón de seguridad. Él dijo: "Superman no necesita ningún cinturón de seguridad". El asistente de vuelo respondió: "¡Superman no necesita ningún avión!" Se puso el cinturón de seguridad.

Si pensamos que somos todo lo que necesitamos, nos estamos preparando para un choque.

En su libro de gran éxito, *Grit*, Angela Duckworth habla sobre Dan Chambliss, un sociólogo que pasó años estudiando a nadadores expertos. Concluyó sobre lo que hace un gran atleta:

> "… lo más importante", dijo Dan. "La forma real de convertirse en un gran nadador es unirse a un gran equipo".

Esa lógica te puede parecer extraño. Podría suponer que *primero* una persona se convierte en un gran nadador y *luego* se une a un gran equipo. Y es cierto, por supuesto, que los grandes equipos no aceptan a cualquiera. Hay pruebas. Hay un número limitado de puntos. Hay normas Y mientras más elite el equipo, más feroz es el deseo de los que ya están en el equipo de mantener altos los estándares.

A lo que Dan se refería es el efecto recíproco de la cultura particular de un equipo en la persona que se une a él. En sus muchos años dentro y fuera del grupo, había visto que la flecha de la causalidad entre un gran equipo y un gran jugador individual iba en ambos sentidos. En efecto, había presenciado el principio correspondiente del desarrollo de la personalidad: había visto que las mismas características que se seleccionan para ciertas situaciones son, a su vez, mejoradas por ellas.

"Miré, cuando comencé a estudiar olímpicos, pensé: '¿Qué clase de bichos extraños se levanta todos los días a las cuatro de la mañana para ir a la práctica de natación? Estas personas deben ser personas extraordinarias para hacer ese tipo de cosas'. Pero el problema es que cuando vas a un lugar donde básicamente todos los que conoces se levantan a las cuatro de la mañana para ir a practicar, eso es lo que haces. No es la gran cosa. Se convierte en un hábito".

Una y otra vez, Dan había observado que nuevos nadadores se unían a un equipo que hacía las cosas un poco mejor que lo que estaban acostumbrados.

Muy rápidamente, el recién llegado se ajustó a las normas y estándares del equipo.

"Hablando por mí mismo", agregó Dan, "No tengo tanta autodisciplina. Pero si estoy rodeado de personas que escriben artículos, dan conferencias y trabajan duro, tiendo a alinearme. Si estoy en una multitud de personas que hacen las cosas de cierta manera, sigo adelante".[3]

El entrenador ganador del Súper Bowl, Tony Dungy, cuenta una historia similar:

> En los Juegos Olímpicos de verano de 2008 en Beijing, China, Michael Phelps pretendía ganar ocho eventos. Si tiene éxito, rompería el récord de siete medallas de oro del nadador estadounidense Mark Spitz en 1972 en una sola edición de Juegos Olímpicos. Para lograr la hazaña, Phelps necesitaba ganar el relevo de estilo libre de 4x100 metros, que consta de cuatro nadadores de cada equipo competidor del país, cada uno nadando a cien metros del estilo libre, o dos veces lo largo de la piscina, abajo y atrás.
>
> El equipo de los Estados Unidos estaba muy por detrás después de la tercera etapa, cuando Jason Lezak se lanzó a la piscina. Nadie que miraba a la multitud o estaba pegado a sus televisiones le dio la oportunidad de adelantar al francés Alain Bernard

---

3 Angela Duckworth, *Grit: The Power of Passion and Perseverance* (New York, NY: Scribner, 2018), Kindle Edition, 246-247.

en la última etapa de anclaje del relevo. Parecía que EE. UU. Volvería a perder esta carrera de relevo, una carrera en la que habían capturado oro siete veces antes, por tercer partido consecutivo de verano. Pero la multitud y los millones que observaban no estaban nadando en la última vuelta, y no habían consultado a una persona clave: Jason Lezak.

A los treinta y dos años, Jason era el nadador más viejo del equipo estadounidense. Comenzó la última etapa detrás de Bernard, el poseedor del récord mundial reinante en el estilo libre de 100 metros, y en el último turno, todavía tenía una longitud de cuerpo completo por detrás. Tuvo muchas oportunidades en el camino para conceder y aceptar el segundo lugar; todos los demás ya habían asumido que no podía superar la enorme ventaja de Bernard. Pero no hubo renuncia en Lezak, y con un increíble último golpe superó a los mejores del mundo para ganar el relevo para los Estados Unidos con la punta de un dedo y establecer un nuevo récord mundial. Y Michael Phelps, con la ayuda de sus compañeros de equipo, logró alcanzar su objetivo.

Como recuerdo haber escuchado en una entrevista con Lezak después de la carrera, no pensó que hubiera atrapado a Bernard en una carrera individual, el déficit era demasiado grande. Sin embargo, debido a que fue un relevo, Lezak sintió que estaba nadando para sus compañeros, por lo que no podía simplemente darse por vencido.

Necesitamos sentirnos de la misma manera: estamos haciendo lo que estamos haciendo por el Señor, por lo que no podemos simplemente rendirnos.[4]

La campeona olímpica y de fútbol de la Copa del Mundo, Mia Hamm, escribió en su libro, *Go for the Goal*, "El fútbol no es un deporte individual. No anoto todos los goles, y los que obtengo son por lo general producto de un esfuerzo de equipo. No mantengo el balón fuera de la parte de atrás de la red en el otro lado del campo. No planeo nuestras tácticas de juego. No lavo el equipo de entrenamiento (está bien, a veces lo hago), y no hago las reservaciones de la aerolínea. Soy miembro de un equipo, y confío en el equipo. Lo aplaudo y me sacrifico por ello, porque el equipo, no el individuo, es el campeón definitivo".[5]

El crecimiento a través del trabajo en equipo es una de las claves de la efectividad, y no solo en el mundo de los deportes. En *Extreme Ownership*, Jocko Willink y Leif Babin hablan sobre el trabajo en equipo en combate y más allá:

> Entre las legiones de libros de liderazgo en publicación, encontramos que la mayor parte se centra en las prácticas individuales y los rasgos de carácter personal. También observamos que muchos programas de capacitación de liderazgo corporativo y

---

[4] Tony Dungy and Nathan Whitaker, *The One Year Uncommon Life Daily Challenge* (Carol Stream, IL: Tyndale House Publishers, 2011), Kindle Edition, Locations 5011-5015.

[5] Mia Hamm and Aaron Heifetz, *Go for the Goal: A Champions Guide to Winning in Soccer and Life* (New York: Quill, 2002).

firmas de consultoría de gestión hacen lo mismo. Pero sin un equipo, un grupo de personas que trabajan para cumplir una misión, no puede haber liderazgo. La única medida significativa para un líder es si el equipo tiene éxito o falla. Para todas las definiciones, descripciones y caracterizaciones de los líderes, solo hay dos que importan: eficaces e ineficaces. Los líderes eficaces lideran equipos exitosos que cumplen su misión y ganan. Los líderes ineficaces no lo hacen.[6]

El Dr. Franklin Murphy se destacó en diversos campos: fue un gran médico, decano de la Facultad de Medicina de la Universidad de Kansas, Canciller de UCLA y Presidente de la Corporación Times-Mirror. Él atribuyó su éxito a este secreto: "Las personas que me rodean me han hecho exitoso. Nunca hubiera podido lograr nada por mi cuenta. Siempre he buscado personas que me parecieran talentosas, que tuvieran autodisciplina. He tratado de desarrollar su cariño y lealtad. Los recluté, los motivé y, cuando pudimos lograr algo, compartí el crédito con ellos".

Brian Merchant, autor de El dispositivo único: *La historia secreta del iPhone*, revela que Steve Jobs no inventó realmente el iPhone. Fue un esfuerzo de equipo. La gran mayoría de los inventos surgieron del esfuerzo del equipo:

> Ahora sabemos, por ejemplo, que Edison ciertamente no inventó la bombilla, simplemente la

---

[6] Willink and Babin, *Extreme Ownership*, 8.

perfeccionó como un producto de consumo. Su equipo encontró el filamento de bambú ideal que hizo que el brillo de su bombilla fuera mucho más atractivo que la competencia. E incluso entonces, Edison tenía un gran laboratorio atendido por brillantes investigadores ... Lo mismo sucedió con Steve Jobs y el iPhone ... Lo que Jobs hizo en Apple con el iPhone fue tomar un puñado de tecnologías de filtración e impulsó a su equipo a integrarlos de una manera que nunca se había ejecutado tan elegantemente antes. La palabra clave es "equipo".

Lo que me preocupa del complejo de Steve Jobs y Edison es que a los jóvenes que están siendo entrenados como innovadores o diseñadores se les está vendiendo el mito de Edison, el genio diseñador, el gran innovador, Steve Jobs, Bill Gates, o lo que sea. Nunca se les enseña la noción de colectivo, el equipo, la historia.[7]

El trabajo en equipo empuja a todos a ser mejores.

Una pareja está en la cama durmiendo cuando hay un sonido en la puerta. El esposo se da vuelta y mira el reloj, y son las 3 y media de la mañana. "No me voy a levantar de la cama en este momento", piensa, y se da vuelta. Luego sigue un golpe más fuerte. Así que se arrastra fuera de la cama, baja las escaleras, abre la puerta y hay un hombre parado allí. No le tomó mucho tiempo al dueño de casa darse cuenta de que el hombre estaba borracho. "Hola,"

---

7   Brian Merchant, "Steve Jobs Did Not Invent the iPhone," *LinkedIn* (blog), July 1, 2017.

dice el extraño. "¿Puedes darme un empujón?" "No, piérdete, son las tres y media y estaba en la cama ", dice el hombre mientras golpea la puerta. Él vuelve a la cama y le cuenta a su esposa lo que pasó, y ella dice: "Eso no fue muy amable de tu parte. ¿Recuerdas la noche en que el carro no encendía en la lluvia torrencial en el camino para recoger a los niños de la niñera y tuviste que llamar a la casa de ese hombre para que nos ayudara a solucionar el problema? ¿Qué hubiera pasado si nos hubiera dicho que nos perdiéramos? "" Pero el hombre estaba borracho ", dice el marido. "No importa", dice la esposa. "Él necesita nuestra ayuda y sería una cosa cristiana ayudarlo". Entonces el esposo se levanta de la cama, se viste y baja las escaleras. Abre la puerta y, al no poder ver al extraño en ninguna parte, grita: "Oye, ¿todavía quieres un empujón?". Y oye una voz que grita: "Sí, por favor". Entonces, todavía sin poder ver al extraño le grita: "¿Dónde estás?" El borracho responde: "Aquí, en el columpio".

Todos, incluso los predicadores, necesitan un empujón.

¿Por qué la enseñanza en equipo? Enseñar en un concepto de equipo da a todos un impulso y ayuda a todos a mejorar.

Si no estamos en un equipo, podemos sofocar nuestro propio crecimiento.

En su trabajo titulado *The Derailment of Fast-Track Managers*, la profesora de Rutgers, Barbara Rovach, dice: "Muchos de los supuestos niños de la magia se desmayan porque no comparten el poder con los demás. En los primeros años de su carrera, son individualistas y orientados hacia el logro, centrándose en lo que ellos mismos pueden lograr a través de sus propios esfuerzos. Mucho de esto debe olvidarse en la mitad de sus carreras cuando se debe aprender la transición del logro individual al colectivo, de los vuelos en solitario a la asociación y de la competencia a la cooperación. Luego, en los años superiores, uno debe crear un entorno en el que muchos otros puedan lograr, y donde la medida del trabajo de uno sea, de hecho, la medida del trabajo de otros".[8]

¿Alguna vez te has preguntado por qué los gansos vuelan en una formación en V? Pueden volar más lejos en esa formación porque crea una corriente ascendente, y no se cansan tanto cuando vuelan juntos. Y cuando volamos, cuando caminamos, cuando atravesamos la vida juntos, estamos mucho menos cansados.

El zurdo Gómez todavía tiene un maravilloso récord de lanzadores en la Serie Mundial. Ganó seis juegos y no perdió ninguno en sus actuaciones en la Serie Mundial. Una vez, cuando le preguntaron cuál era su secreto del éxito, Gómez respondió: "Una vida limpia y un jardín rápido". Nadie tiene éxito por sí mismo.

The Gospel Herald promociona una fórmula segura para el éxito: "Rodéate de personas más inteligentes que tú".

Goethe estaba en eso cuando escribió: "El genio más grande no valdrá mucho si pretende aprovecharse exclusivamente de sus propios recursos".

Si queremos ser realmente efectivos en la vida, necesitamos conectarnos con un equipo. Si queremos ser verdaderos

---

[8] Barbara Roach, "The Derailment of Fast-Track Managers."

maestros y predicadores efectivos, el trabajo en equipo es una obligación.

MINI-CASO DE ESTUDIO:
COMUNIDAD CRISTIANA, EL NIÑO, MEXICO

Pastor Tury Nunez hablando sobre trabajar con un equipo de enseñanza: "Me encanta; brinda una perspectiva diferente a la iglesia cuando podemos elaborar y trabajar juntos en la serie y los mensajes".

El pastor Tury utiliza un equipo de cuatro predicadores que hablan cada uno unas doce veces al año. Los oradores tienden a mantener una rotación regular, por lo que cada uno predica aproximadamente una vez por mes.

Los predicadores han sido seleccionados a través de relaciones que se han profundizado a lo largo de varios años. El padre de Tury, Daniel, es el ex pastor de la iglesia. Comenzó el enfoque del equipo de enseñanza, y dio lugar a un suave traspaso a su hijo.

El mantra del equipo es: "Todos en la misma página y sin sorpresas en el escenario".

El equipo se reúne regularmente para orar principalmente por los mensajes y hablar sobre ellos. El equipo planea las series con mucha anticipación y es implacable en dar comentarios saludables entre ellos.

La intencionalidad de pasar tiempo con y desarrollar miembros del equipo es una parte clave del equipo, ya que la mayoría de los predicadores regulares son voluntarios no remunerados.

EL GRAN RETO:

Examina el protocolo de enseñanza actual de tu ministerio. Haga una lluvia de ideas sobre cómo introducir más oportunidades de retroalimentación y colaboración de otros. Continúa este proceso en tu próxima reunión de líderes de la iglesia. Concéntrese en la meta de aumentar la calidad y la profundidad de la enseñanza en su iglesia al involucrar a más personas.

CAPÍTULO 3

LA TERCERA CLAVE

Intento tomar un día a la vez, pero a veces varios días me atacan a la vez.

—Ashleigh Brilliant

No hay una decisión que podamos tomar que no venga con algún tipo de equilibrio o sacrificio.

—Simon Sinek

Marca un gran paso en tu desarrollo cuando te das cuenta de que otras personas pueden ayudarte a hacer un mejor trabajo de lo que podrías hacer solo.

—Andrew Carnegie

El viernes pasado, mi amigo Jimmy estaba en nuestro garaje trabajando en mi Ford Mustang Convertible 1966. Jimmy es el único que dejo que trabaje en mi auto clásico. Y Jimmy ni siquiera me deja trabajar en ese vehículo, ya que mis habilidades mecánicas se ubican en algún lugar entre desafiadas e inexistentes. Le pregunté a Jimmy si podía hacer algo para ayudar. Cuando él dijo: "Sí", yo estaba emocionado y nervioso. Se acercó a mí, sacó un fajo de llaves de su bolsillo, identificó una en particular y me entregó todo el anillo con esa llave. "Esta es la llave de mi casa", dijo. "Entra a través de la casa a mi garaje y agarra dos soportes de gato hidráulico. Eso será de gran ayuda".

Recoger cosas es una buena opción para mis habilidades de arreglo de autos, así que salí. Siempre como multi-tareas, pensé que podría hacer un poco de liderazgo reclutando en el teléfono mientras realizaba la operación, "¡Trae los gatos hidráulicos!" Así que, estaba enfocado en una conversación de reclutamiento cuando llegué a la calle de Jimmy. Con los auriculares puestos, me acerqué a la puerta principal y puse la llave de Jimmy en la puerta principal. No encajaba. Probé la llave en el cerrojo, tampoco funcionó allí. Intenté ambos de nuevo, mientras continuaba el diálogo de mi teléfono. La llave aún no coincide.

Justo cuando temía la idea de tener que probar cada llave del enorme anillo, la puerta se abrió desde adentro. Una chica de treinta y tantos años estaba de pie detrás de la puerta. No la reconocí. Lo que es peor, ella no me reconoció. Ella comenzó a gritar en un idioma que no pude identificar. Mientras retrocedía, abrió la puerta de malla y continuó gritando mientras caminaba hacia mí. No sabía qué más hacer además de gritar: "¿Jimmy? ¿Jimmy? ¿Es este el lugar de Jimmy? "Mi compañero de teléfono me preguntó qué estaba pasando. Corrí hacia mi auto, salté y corrí por la calle, donde pronto descubrí la verdadera casa de Jimmy.

Es importante tener la llave correcta y la casa correcta.

Muchos de nosotros en el ministerio estamos decepcionados porque no hemos encontrado las llaves correctas. Incluso podemos sentir que estamos tratando de abrir las puertas equivocadas.

¿Cuál es la clave para un ministerio efectivo?

Una mirada a la vida y los tiempos del apóstol Pablo nos da una idea.

En el capítulo 20 de Hechos, Pablo convoca una reunión de los ancianos de Éfeso. Es el último encuentro con ellos que tendrá. Pablo comienza la reunión recordando su trabajo:

> Cuando llegaron, declaró: "Saben que desde el día que puse un pie en la provincia de Asia hasta ahora he hecho la obra del Señor con humildad y con muchas lágrimas. He soportado las pruebas que me vinieron de las tramas de los judíos … Y ahora estoy obligado por el Espíritu a ir a Jerusalén. No sé qué me espera, excepto que el Espíritu Santo me dice en una ciudad tras otra que la cárcel y el sufrimiento están por venir. Pero mi vida no vale nada para mí a menos que la use para terminar el trabajo que me asignó el Señor Jesús, el trabajo de contarles a los demás la Buena Nueva sobre la maravillosa gracia de Dios.
>
> Hechos 20:18-24 (NTV)

Pablo habla de su asombroso sacrificio. Vemos este tema de nuevo en el siguiente capítulo:

> Varios días después, un hombre llamado Agabo, que también tenía el don de la profecía, llegó de Judea. Se acercó, tomó el cinturón de Paul y se ató los pies y las manos con él. Luego dijo: "El Espíritu Santo

declara: 'Así pues, el dueño de este cinturón estará atado por los líderes judíos de Jerusalén y entregados a los gentiles'". Cuando escuchamos esto, nosotros y los creyentes locales le rogamos a Pablo que no lo hiciera. Ve a Jerusalén. Pero él dijo: "¿Por qué todo este llanto? ¡Estás rompiendo mi corazón! Estoy listo no solo para ser encarcelado en Jerusalén sino también para morir por el Señor Jesús".

Hechos 21:10-14 (NTV)

Evidentemente, el secreto de Pablo para la efectividad en el ministerio es el sacrificio. La abnegación es clave.

Billy Graham afirmó: "La forma más alta de adoración es la adoración del servicio cristiano desinteresado. La mayor forma de alabanza es el sonido de los pies consagrados en busca de los perdidos e indefensos".

El sacrificio es extremadamente necesario. Es una de las claves para un ministerio efectivo. Yo digo, una de las claves, porque el sacrificio por sí solo no es suficiente. Vivir una vida puramente sacrificial puede ser como tener la llave correcta, pero la cerradura equivocada. El sacrificio es excelente en la medida en que va, simplemente no llega muy lejos.

El sacrificio desinteresado conduce a la efectividad, pero también puede llevar a agotamiento, abuso e incluso a la muerte.

En las Memorias de la Segunda Guerra Mundial de Winston Churchill, informó sobre los escuadrones de bombas sin explotar, también conocidos como escuadrones de la U.X.B. Durante la guerra, los nazis lanzaron un gran número de explosivos de acción retardada en Inglaterra. Estas bombas no estaban destinadas a detonar en contacto, estaban diseñadas para aterrizar y servir como una especie de mina terrestre – para causar incertidumbre y paralizar la acción. Las bombas tuvieron que ser desenterradas y explotadas, o desactivadas.

Ahí es donde la U.X.B. Los escuadrones entraron. Eran voluntarios en las distintas ciudades, pueblos y distritos que tomaron este peligroso trabajo sobre sí mismos. Churchill dijo: "Algunos sobrevivieron … Otros corrieron veinte, treinta o incluso cuarenta cursos antes de conocer su destino".

Habla de un equipo que consistía en "el conde de Suffolk, su secretaria privada y su chofer bastante viejo". Se llamaron a sí mismos "la Santísima Trinidad". "Abordaron 34 bombas de manera efectiva," con eficiencia urbana y sonriente", escribió Churchill. Pero el 35 se quitó la vida.

El problema con el sacrificio es que solo tenemos suficiente que sacrificar.

El sacrificio es solo un lado de la moneda, un lado de la historia, un lado del registro. Hay un lado opuesto:

> Sé que ninguno de ustedes entre los que he proclamado el reino volverá a ver mi rostro. Por lo tanto, les testifico hoy que soy inocente de la sangre de todos, porque no me negué a declararles todo el consejo de Dios
>
> Hechos 20:25-26 (ESV)

Para los ancianos en Éfeso, estas son las últimas palabras famosas de Pablo.

Las últimas palabras famosas son especialmente memorables. Consideré a un amigo el fallecido Wayman Tisdale, el ex jugador de baloncesto de los Sacramento Kings y el suave bajista de jazz. Nunca olvidaré sus últimas palabras: "Llámame si me necesitas". Cuando mi papá falleció, sus últimas palabras fueron: "Gracias por todo". Esas últimas palabras son tan especiales para mí que utilizo esas frases tan a menudo como puedo en estos días.

Mira las famosas últimas palabras de Pablo para estas personas:

> Cuídense y estén en guardia por ustedes mismos.
> Hechos 20:28 (Amplificado)

> Preste mucha atención a ustedes mismos …
> Hechos 20:25-28 (ESV)

Las famosas últimas palabras y el mensaje principal del apóstol para estas personas consistían en: cuidarse. La segunda clave para la eficacia del ministerio es el autocuidado.

Espera un momento, ¿no es este el mismo Pablo al que le rogaron que no fuera a Jerusalén porque se estaba poniendo en peligro? ¿No es el mismo tipo que respondió con "Me estás rompiendo el corazón"? ¿No es él quien dijo: "¿Vivir es Cristo, morir es ganancia"? (Filipenses 1:21, NTV)

¿No es esta la misma persona que promociona el sacrificio como crucial? ¿Qué sabe el apóstol Pablo sobre cuidarse a sí mismo?

Miremos. En el capítulo 22, Pablo estaba a punto de ser torturado:

> Mientras lo tendían para azotarlo, Pablo le dijo al centurión que estaba allí: "¿Es legal para usted azotar a un ciudadano romano que ni siquiera ha sido declarado culpable?"
>
> Hechos 22:25 (NVI)

Pablo estaba listo para sacrificar todo, pero no permitió que ocurriera esta flagelación sin tratar de cuidarse solo.

Un poco más tarde, Pablo está en una situación similar:

> Ante esto, el sumo sacerdote Ananías ordenó a los que estaban cerca de Pablo que lo golpearan en la boca. Entonces Pablo le dijo: "¡Dios te golpeará, muro encalado! Usted se sienta allí para juzgarme según la ley, pero usted mismo viola la ley" ...
>
> Hechos 23:1-3 (NVI)

Una vez más, Pablo está a punto de ser golpeado, pero él retrocede, se cuida a sí mismo.

Unos pocos versos más tarde, Pablo es el blanco de un intento de asesinato. Su sobrino oye escucha sobre el plan y Paul insta a este pariente a hacer lo que pueda para detener la locura. Entonces el sobrino contacta al comandante y le dice:

> "Algunos judíos acordaron pedirle que lleve a Paul ante el Sanedrín mañana con el pretexto de querer

información más precisa sobre él. No te rindas a ellos" …

Hechos 23:12-21(NVI)

Pablo era un hombre que se sacrificaba constantemente, pero lo equilibraba cuidándose a sí mismo. El autocuidado no es egoísta. Chris Brown llama a esto, "Divino egoísmo, el arte de protegerse".

Permítanme hacer una pausa para decir que estas historias en el Libro de los Hechos en realidad nos dan algunas instrucciones claras sobre cómo enfrentar situaciones potencialmente abusivas:

1. Ver el problema

Pablo reconoció que los intentos de flagelación, puñetazos y asesinatos no son un comportamiento apropiado.

Con demasiada frecuencia estamos tan atrapados en sacrificarnos que ni siquiera reconocemos el abuso que enfrentamos.

Cuando tenía unos diez o doce años, padecí un incidente abusivo en mi familia. Mi hermano mayor, John, vio que esto sucedía, así que entró y lo detuvo antes de que se saliera de las manos. Ese episodio siempre molestaba a mi hermano. Él lo mencionaba de vez en cuando, aunque yo no lo recordaba ni pensaba que lo merecía. Hace poco me detuve a pensarlo y me di cuenta: "¡Espera un minuto! Ese comportamiento nunca es aceptable; fue completamente inapropiado y mi problema no fue ver el problema".

Con demasiada frecuencia, terminamos en situaciones abusivas en la iglesia o en el ministerio, como sentirnos culpables si no predicamos todos los domingos, y no reconocemos lo inapropiado que es el comportamiento.

2. Hablarlo

Pablo habló en forma de pregunta: "*¿Es legal ...*" Paul habló en forma de confrontación, "*Usted blanquea la pared ...*" (Creo que esta es una etiqueta apropiada para usar en las personas, después de todo, ¡es bíblica!) Pablo instó a su sobrino para hablar. Y el sobrino de Pablo habló en forma robusta: "*No dejes que lo hagan*".

Hay una vieja historia sobre un bandido mexicano que robó a un banco de Texas $ 250,000 y escapó a través de la frontera. Pasó un mes y el bandido pensó que estaba a salvo. Estaba celebrando su buena fortuna en una cantina local cuando un Guardabosques de Texas se acercó y lo arrastró a la calle polvorienta. Al darse cuenta de que tenía un problema de comunicación, el guardabosques asomó la cabeza hacia el bar y gritó: "¿Hay alguien aquí que hable inglés?" "Sí, señor", fue la respuesta. "Ven aquí", le dijo el guardabosques al hombre que rápidamente se convirtió en el traductor del guardabosques. "¿Robó el banco?" Preguntó el guardabosques. "Lo hizo", dijo el traductor. "¿Todavía tiene los $250,000?" "Sí", otra vez. El guardabosques sacó su Colt 45. Sostuvo el cañón de la pistola contra la cabeza del bandido y apretó el gatillo. "Asegúrese de que entienda esta pregunta realmente bien", le dijo el guardabosques al traductor. "¿Dónde está el dinero?" El asustado bandido soltó en español que el dinero estaba cuidadosamente escondido en una bolsa impermeable al fondo del pozo en la plaza de la ciudad. El traductor miró al guardabosques, se detuvo un momento y concluyó: "Dice que no tiene miedo de morir".

A veces nuestra incapacidad para comunicarnos empeora nuestra situación.

Rick Warren dice: "Hay otra palabra para mantener la paz, se llama" codependencia". Y Dios quiere más para nosotros que eso".

3. Establecer límites apropiados

Las tres situaciones requerían límites claros: no habrá flagelación, ni huelgas, ni asesinatos.

Tenemos que imponer límites mientras nos cuidamos a nosotros mismos. Henri Nouwen escribió esto sobre los límites:

> "Debes decidir por ti mismo a quién y cuándo le das acceso a tu vida interior. Durante años, ha permitido a otros entrar y salir de su vida de acuerdo con sus necesidades y deseos. Por lo tanto, ya no era un maestro en su propia casa y se sentía cada vez más usado. Así también, rápidamente te cansaste, te irritaste, te enojaste y resentiste. Piense en un castillo medieval rodeado por un foso. El puente levadizo es el único acceso al interior del castillo. El señor del castillo debe tener el poder de decidir cuándo dibujar el puente y cuándo abandonarlo. Sin tal poder, puede convertirse en víctima de enemigos, extraños y vagabundos. Nunca se sentirá en paz en su propio castillo. Es importante que usted

controle su propio puente levadizo. Debe haber ocasiones en las que mantenga su puente dibujado y tenga la oportunidad de estar solo, o con aquellos con quienes se sienta cerca. Nunca te permitas convertirte en propiedad pública donde alguien pueda entrar y salir a voluntad. Podría pensar que está siendo generoso con cualquiera que quiera entrar o salir, pero pronto se encontrará perdiendo su alma.

Cuando reclames para ti mismo el poder sobre tu puente levadizo, descubrirás nueva alegría y paz en tu corazón y podrás compartir esa alegría y paz con los demás".[9]

4. Busca perdonar continuamente

No vemos ningún efecto prolongado de estos incidentes en Pablo. No se pintó a sí mismo como una víctima. No se identificó constantemente como objeto de abuso. Se ocupó de ello, y luego se movió.

"El perdón es la invención de Dios para llegar a un acuerdo con un mundo en el que, a pesar de sus mejores intenciones, las personas son injustas entre sí y se lastiman mutuamente. Él comenzó perdonándonos. Y nos invita a todos a perdonarnos unos a otros".

La vida de Pablo ilustra la necesidad tanto de las claves del sacrificio como del cuidado personal. Necesitamos esas dos dinámicas trabajando juntas en nuestras vidas si vamos a ser efectivos en la vida y en el ministerio. Tenemos que caminar ese delicado equilibrio de darlo todo, mientras nos

---

[9] Henri J. M. Nouwen, *The Inner Voice of Love: A Journey through Anguish to Freedom* (New York: Image Books, 1998).

observamos a nosotros mismos. Tenemos que maniobrar la cuerda floja para poner nuestras vidas en la línea y cuidar de la vida que tenemos.

Entonces, ¿cómo nos mantenemos en equilibrio?

Al ver estos episodios en la historia del apóstol Pablo, ¿ves la tercera clave para equilibrar? ¿Ves lo que mantuvo a Pablo en equilibrio con el sacrificio y el auto cuidado?

La tercera clave es: *Otras personas.*

En el capítulo 20 de Hechos, fueron los ancianos de Éfeso los que sacaron a Pablo de una sobredosis de sacrificio. Y fue Pablo quien mantuvo en equilibrio a los ancianos de Efesios advirtiéndoles que no fueran demasiado lejos. En el capítulo 21 de Hechos, fue el profeta Agabo, y antes de él, el evangelista, las hijas de Felipe y los creyentes locales, instaron a Pablo a no pasar la línea. Luego fue el comandante romano quien intervino y evitó que Paul fuera acosado. En Hechos 22, fue ese mismo comandante romano el que se insertó en la situación para cuidar de Pablo. Fue ese comandante nuevamente en Hechos 23 el que mantuvo a Pablo a salvo. Luego fue el sobrino de Paul quien se arriesgó para salvar a Paul, y el comandante nuevamente rescató a Paul del atentado contra su vida.

¿Cómo mantuvo Pablo el equilibrio durante todo tipo de juicios, intentos de abuso, arrestos y naufragios?

Uno de los versículos del Nuevo Testamento es el primer versículo en Hechos 28:

> Una vez que estuvimos seguros en la costa, supimos que estábamos en la isla de Malta.
>
> Hechos 28:1 (NTV)

LA TERCERA CLAVE

Esta clave somos nosotros. Pablo consistentemente tuvo a otras personas en su vida para compartir la carga, compartir la predicación y compartir los deberes de guardia para asegurarse de que él (y ellos) estuvieran en equilibrio.

David Cooke declara enfáticamente: "¡No podemos hacer esto por nosotros mismos!"

Willie Nolte agrega: "A los creyentes cristianos primitivos nunca se les ocurrió cumplir su ministerio por sí mismos".

Un hombre estaba haciendo una caminata en los Estados Unidos cuando fue recogido por un viejo granjero. El granjero sacó una jarra de licor y se la ofreció al caminante, quien se negó, diciendo que no bebía mucho. "Tonterías", dijo el granjero, "tienes que probar un poco". Le entregó la jarra al caminante y dijo: "Toma un trago". "No, gracias", dijo el hombre. "Realmente no quiero". Pero el agricultor no iba a aceptar un no por respuesta. Detuvo su camioneta, tomó su escopeta de detrás del asiento, apuntó al viajero y repitió: "Le dije que tomara un trago". "Está bien, está bien", dijo el joven. Tomó un gran trago e inmediatamente se dio cuenta de lo poderosas que eran las cosas. Los músculos de su garganta se tensaron, sus ojos se humedecieron y comenzó a ahogarse. "Muy bueno, ¿no es así?", Preguntó el granjero. "Supongo que sí", jadeó el joven. Luego el granjero entregó su escopeta al caminante y dijo: "¡Ahora me sostienes el arma y me haces tomar una copa!"

El trabajo en equipo nos mantiene en equilibrio. Nos ayuda a cuidarnos a nosotros mismos como cuidamos a los demás.

MINI-CASO DE ESTUDIO:
THE BRIDGE CHURCH, FLINT, MICHIGAN

El pastor Steve Bentley describe por qué utiliza un enfoque de equipo: "Especialmente como pastor fundador, no quiero que la gente esté atada a mí; varios oradores ayudan a evitar eso. "Diferentes tipos de predicación ayudan a llegar a más personas, y múltiples oradores ayudan a enseñar a las personas a enfocarse en el mensaje en lugar de un mensajero en particular".

Bentley actualmente tiene tres predicadores regulares en el equipo de enseñanza. Han tenido hasta cuatro. Él admite: "The Bridge pasó por un momento de inseguridad, y en ese tiempo, volvimos a un predicador por un tiempo. Pero luego volvimos a un enfoque de equipo".

Cada miembro del equipo puede predicar una serie completa, pero la mayoría de las veces hay una rotación, con cada orador dando el mensaje que mejor se adapte a ellos. El puente ofrece múltiples servicios, por lo que a menudo el mismo mensaje del fin de semana contará con diferentes mensajeros.

La voluntad es un gran valor para The Bridge. Bentley les pedirá a los futuros predicadores que lideren los anuncios u oraciones en el escenario primero. Sus primeros diez mensajes se construyen junto con el equipo. Los principiantes reciben mucha ayuda y apoyo desde el desarrollo hasta la presentación.

Después de la capacitación y la retroalimentación, todos son revisados, criticados y elogiados, los predicadores tienen más libertad de acción.

El pastor Steve admite que The Bridge todavía está en proceso de hacer que el enfoque del equipo funcione, pero también están altamente comprometidos con él. Bentley ha establecido planes para entregar la iglesia a uno de los otros maestros, mientras que él va a comenzar otra iglesia al otro lado de Flint.

> **EL GRAN RETO:**
>
> Pregúntele a 3 (o más) personas, cuyas opiniones puede confiar para ser honesto y útil, para evaluar cómo te estás equilibrando sacrificio y auto-cuidado. ¿Cómo puede involucrar a otras personas ayudar a completar las áreas problemáticas? Utilice los cuatro pasos que se describen en esta sección: vea el problema, exprese su opinión, establezca los límites adecuados, busque perdonar continuamente, como guía.

CAPÍTULO 4

CONTROLAR LA GLORIA

Quien se dedique a sí mismo no tendrá nada más que mostrarse por sí mismo.

—Andy Stanley

Si solo tuviera un sermón para predicar sería un sermón contra el orgullo.

—G. K. Chesterton

¿Qué hace que la tentación del poder sea tan irresistible? Tal vez es que el poder ofrece un sustituto fácil para la difícil tarea del amor. Parece más fácil ser Dios que amar a Dios, más fácil controlar a las personas que amar a las personas, más fácil poseer la vida que amar la vida.

—Henri Nouwen

El síndrome de Munchausen por Proxy (MBPS) es un trastorno mortal, donde una figura de autoridad, generalmente un padre, y generalmente la madre, causa enfermedad intencionalmente en un niño. El desorden se llamó así por el barón von Munchausen, un dignatario alemán del siglo XVIII conocido por inventar historias sobre sus experiencias para llamar la atención. MBPS a menudo se manifiesta cuando un niño solo se enferma cuando él o ella está cerca de su madre.

Luego, la madre recibe atención especial del médico y de otras personas que la elogian por su cuidado sacrificial, cuando la madre en realidad está causando que el niño se enferme y permanezca enfermo. Todo el trastorno se centra en la disfuncional necesidad de atención de una madre.

Brian Sanders sugiere que la Iglesia de América del Norte padece la enfermedad de Munchausen. Muchos líderes están tan consumidos por la necesidad de atención que están causando y manteniendo que las iglesias y los feligreses se vuelvan demasiado dependientes de ellos.

¿Cómo podemos evitar que esta dependencia excesiva impregne nuestros ministerios?

Larry Walkemeyer ha ayudado a iniciar diecisiete iglesias fuera de su ministerio en Long Beach, California. Él dice: "No puedes multiplicar y hacerlo por ti mismo".

Jesús dijo: "Dios bendice a los humildes, porque heredarán toda la tierra" (Mateo 5: 5, NTV).

¿Cuál es el secreto para vivir en humildad?

Un reportero le dijo a Jack Nicklaus: "¡Eres espectacular! Tu nombre es sinónimo del juego del golf. Realmente sabes tu camino en el campo. ¿Cuál es tu secreto?"

Nicklaus respondió: "Los agujeros están numerados".

El padre de Lamar Sleigh era pastor en una pequeña ciudad y era un tipo bastante prominente. Lamar, como un niño pequeño, solía ir y decir: "¡Soy el hijo del Pastor Sleigh!". Su madre pensó que era un poco arrogante, así que dijo: "No le digas a la gente que eres el hijo del Pastor Sleigh. Simplemente diga "Soy Lamar Sleigh". "Unos días después, un hombre le preguntó a Lamar:" ¿No es usted el hijo del Pastor Sleigh? "Lamar dijo:" Pensé que sí, pero mamá dice que no lo soy".

¿Cómo combatimos el síndrome de la celebridad?

Mientras estaban en Listra, Pablo y Bernabé se encontraron con un hombre con los pies lisiados. Había sido así desde su nacimiento, por lo que nunca había caminado. Estaba sentado y escuchando como Pablo predicaba. Mirándolo directamente, Paul se dio cuenta de que tenía fe para ser sanado. Entonces Pablo lo llamó en voz alta: "¡Levántate!" Y el hombre se levantó de un salto y comenzó a caminar.

Cuando la multitud vio lo que Pablo había hecho, gritaron en su dialecto local: "¡Estos hombres son dioses en forma humana!" Decidieron que Bernabé era el dios griego Zeus y que Pablo era Hermes, ya que él era el orador principal. Ahora el templo de Zeus estaba ubicado a las afueras de la ciudad. Así que el sacerdote del templo y la multitud llevaron toros y coronas de flores a las puertas de la ciudad, y se prepararon para ofrecer sacrificios a los apóstoles.

Pero cuando los apóstoles Bernabé y Pablo escucharon lo que estaba sucediendo, se desgarraron la ropa y salieron corriendo entre la gente, gritando: "Amigos, ¿por qué hacen esto? Somos simplemente seres humanos, ¡igual que tú! Hemos venido para traerles la Buena Nueva de que deben apartarse de estas cosas sin valor y dirigirse al Dios vivo, que hizo el cielo y la tierra, el mar y todo lo que hay en ellos. En el pasado, permitió que todas las naciones siguieran su propio camino, pero nunca las dejó sin evidencia de sí mismo y de su bondad. Por ejemplo, te envía lluvia y buenas cosechas y te da comida y corazones alegres". Pero incluso con estas palabras, Pablo y Bernabé apenas pudieron impedir que la gente se sacrificara por ellos.

Hechos 14:8-18 (NTV)

En Listra, Pablo y Bernabé fueron aclamados como "dioses en forma humana" por la multitud. En las *Metamorfosis* de Ovidio, una leyenda es que Zeus y Hermes llegaron a esta región como seres humanos, pero no fueron reconocidos ni acogidos. Tal vez esta multitud no quiso repetir eso, por lo que cambiaron los sacrificios del templo hacia Pablo y Bernabé. Las personas trajeron regalos y flores e incluso iban a sacrificarles una ofrenda. Pablo y Bernabé no tomaron los elogios, y ellos no tomaron el gesto a la ligera. Estaban consternados y rasgaban sus ropas. Rasgarse la ropa es una antigua tradición judía que muestra humildad, dolor, pérdida y disgusto. Estos dos líderes no querían nada de estos homenajes. Pablo y Bernabé gritaron sus objeciones. Los líderes no aceptaron el elogio, hicieron todo lo que pudieron para detenerlo.

Pedro tuvo un encuentro similar:

> Al día siguiente, Peter comenzó con ellos, y algunos de los creyentes de Jope lo acompañaron. Al día siguiente llegó a Cesárea. Cornelio los estaba esperando

y había convocado a sus parientes y amigos cercanos. Cuando Pedro entró en la casa, Cornelio se encontró con él y cayó a sus pies con reverencia. Pero Pedro le hizo levantarse. "Levántate", dijo, "yo también soy un hombre".

Hechos 10:24-26 (NVI)

A menudo no evitamos que la gente se exagere con sus elogios por nuestro liderazgo o sermones. Lo aceptamos, y tal vez algunos de nosotros lo anhelamos. ¿Nuestra cultura eclesial ha exagerado tanto la alabanza de los hombres que pensamos que recibirla es el objetivo principal de la predicación?

Jim Putman admitió: "El trabajo del pastor nunca fue ser el artista pagado".

Bernabé y Pablo actuaron en extremo contraste con otro líder, solo dos capítulos anteriores:

> Ahora Herodes estaba muy enojado con la gente de Tiro y Sidón. Entonces, enviaron una delegación para hacer las paces con él porque sus ciudades dependían del país de Herodes para su alimentación. Los delegados ganaron el apoyo de Blastus, el asistente personal de Herodes, y se le concedió una cita con Herodes. Cuando llegó el día, Herodes se puso sus ropas reales, se sentó en su trono y les dirigió un discurso. La gente le dio una gran ovación y gritó: "¡Es la voz de un dios, no de un hombre!"
>
> Al instante, un ángel del Señor golpeó a Herodes con una enfermedad, porque aceptó la

adoración de la gente en lugar de darle la gloria a Dios. Así fue consumido de gusanos y murió.

Mientras tanto, la palabra de Dios continuó extendiéndose, y hubo muchos nuevos creyentes.

Hechos 12:20-24 (NTV)

Herodes Agripa aceptó la adoración en lugar de dar gloria a Dios. El resultado: fue comido por gusanos y murió.

Uno de los peligros de la predicación es que las personas pueden pasar por alto sus elogios. Pueden pasar de adorar al Creador a adorar a la criatura, al sirviente, al predicador.

John Madden advirtió: "La auto-alabanza es para los perdedores. Se un ganador. Representa algo. Siempre ten clase y se humilde".

Tenemos que ser cuidadosos, intencionales, y tomar todas las precauciones para no aceptar los elogios destinados a alguien más. No debemos abrirnos camino para recibir la gloria de Dios, o podemos terminar con gusanos.

Otra historia del Libro de los Hechos nos muestra por qué aplaudir a los elogios es una propuesta perdedora:

> Una vez que estuvimos seguros en la costa, supimos que estábamos en la isla de Malta. La gente de la isla fue muy amable con nosotros. Hacía frío y llovía, así que hicieron fuego en la orilla para darnos la bienvenida.
>
> Hechos 28:1-2 (NTV)

Pablo acababa de sobrevivir a un naufragio nadando hasta la orilla.

> Mientras Pablo reunía un puñado de palos y los ponía sobre el fuego, una serpiente venenosa, expulsada por el calor, lo mordió en la mano. La gente de la isla lo vio colgando de su mano y se dijeron unos a otros: "¡Un asesino, sin duda! Aunque escapó del mar, la justicia no le permitirá vivir".
> Hechos 28:3-4 (NTV)

Habla de tener un mal día: Pablo va del naufragio a la mordedura de serpiente. Así que la multitud asume de inmediato que Pablo debe ser un mal tipo porque el destino no lo dejará ir. Instantáneamente lo etiquetan como un asesino.

> Pero Pablo sacudió la serpiente al fuego y quedó ileso. La gente esperó a que se hinchara o cayera repentinamente muerto. Pero cuando esperaron mucho tiempo y vieron que no sufrieron daños, cambiaron de opinión y decidieron que era un dios.
> Hechos 13:5-6 (NTV)

Pablo se sacudió la serpiente desagradable, y aparentemente la etiqueta desagradable, y cuando no sucedió nada traumático, la multitud pasó de llamarlo asesino a llamarlo dios.

Aquí está el punto: ¡La multitud está llena de basura!

La multitud, la mayoría de las veces, no sabe realmente de qué están hablando. No escuches a las masas. Pueden pasar de querer que te maten a querer que te coronen en cuestión de un minuto.

Sorprendentemente, el apóstol Pablo mismo pudo haber sucumbido a preocuparse demasiado por lo que pensaba la multitud. Después de su incidente de naufragio y serpiente, el Libro de los Hechos cuenta esta historia:

> Tres días después de la llegada de Pablo, convocó a los líderes judíos locales. Él les dijo: "Hermanos, fui arrestado en Jerusalén y entregado al gobierno romano, a pesar de que no había hecho nada en contra de nuestro pueblo o las costumbres de nuestros antepasados. Los romanos me probaron y querían liberarme, porque no encontraron ningún motivo para la sentencia de muerte. Pero cuando los líderes judíos protestaron por la decisión, sentí que era necesario apelar a César, aunque no tenía ningún deseo de presentar cargos contra mi propia gente. Te pedí que vinieras hoy para que nos conozcamos y para poder explicarte que estoy atado a esta cadena porque creo que la esperanza de Israel, el Mesías, ya ha llegado".
>
> Hechos 28:17-20 (NTV)

Pablo finalmente llega a Roma y luego reúne a los líderes locales para explicar por qué estaba encadenado. Pero mira su respuesta:

Ellos respondieron: "No hemos recibido cartas de Judea ni informes en su contra de nadie que haya venido aquí" (Hechos 28:21, NTV).

La multitud está llena de basura, pero no te preocupes por ellos, ¡probablemente no estén hablando de ti de todos modos!

Pablo debió haber aprendido esa lección, porque más tarde escribió:

> Y yo, cuando llegué a ustedes, hermanos, no vine a proclamarles el testimonio de Dios con palabras o sabiduría elevadas. Porque decidí no saber nada entre ustedes, excepto Jesucristo y él crucificado. Y estuve contigo en la debilidad y en el temor y mucho temblor, y mi discurso y mi mensaje no fueron palabras plausibles de sabiduría, sino en demostración del Espíritu y del poder, para que tu fe no descanse en la sabiduría de los hombres. pero en el poder de Dios.
>
> 1 Corintios 2:1-5 (ESV)

Pablo también escribió esta instrucción:

> No seamos ambiciosos con nuestra propia reputación, ya que eso solo significa ponernos unos a otros celosos.
>
> Gálatas 5:26 (Phillips)

Jesús tuvo una advertencia similar para sus discípulos:

> Los setenta y dos regresaron con alegría y dijeron: "Señor, incluso los demonios se someten a nosotros en tu nombre". Él respondió: "Vi a Satanás caer como un rayo del cielo. Te he dado autoridad para pisotear serpientes y escorpiones y vencer todo el poder del enemigo; nada te hará daño. Sin embargo, no te regocijes de que los espíritus se sometan a ti,

sino regocíjate de que tus nombres estén escritos en el cielo".

Lucas 10:17-20 (NVI)

Los elogios terrenales no significan mucho, un hogar celestial sí lo hace.

Cuando el dramaturgo inglés Oscar Wilde llegó a su club a altas horas de la noche después de presenciar la primera presentación de una obra que había sido un completo fracaso, alguien preguntó. "¿Cómo fue tu juego esta noche, Oscar?" "Oh", dijo Wilde, "el juego fue un gran éxito. La audiencia fue un fracaso".

No importa mucho lo que diga la multitud, así que evitemos los elogios y dejemos la gloria para Dios.

El mejor comentario

Sucede casi todos los domingos, casi cada vez que predico o hablo en un evento o función. Cuando termino de presentarme, me cuelo en la parte de atrás de la sala, justo al lado de la salida, y estrecho la mano de la gente cuando se van. La mayoría de la gente sabe el ejercicio. Se supone que deben decir: "Buen sermón, pastor". Ese es el código secreto. Ese es el equivalente del mundo de la iglesia a: "¡El cuervo vuela a medianoche!", Es lo más cercano a una contraseña para salir por la puerta. A lo largo de los años he escuchado muchos comentarios de gente sobre su salida. He escuchado una tonelada de comentarios de "Buen sermón, Pastor". La mayoría de los comentarios han sido alentadores, algunos contienen correcciones y, de vez en cuando, las personas se ponen absolutamente desagradables.

Pero hay un comentario que he escuchado que es, con mucho, el mejor comentario que se me ha presentado. Hay un comentario superior, y ningún otro comentario llega tan cerca como segundo. He escuchado este comentario tres veces en mis más de tres décadas de conversación, una vez hace más de diez años, una vez hace unos cinco años y una vez el año pasado. Hay un comentario que ha sido el mejor comentario que he escuchado después de hablar.

Aquí está: "¿Eres el padre de Tricia? ¡Tricia es increíble!

Ese es el mejor comentario que he escuchado después de predicar.

¿Por qué ese comentario fue tan significativo para mí?

1. Porque no se trata de mí. Las tres veces que escuché el comentario sobre Tricia, me sobresalté y volví a la realidad. No se trata de mí. Hace unos años, el destacado autor Max Lucado escribió un libro titulado *No se trata de mí*. No lo leí porque, bueno, ¡no se trata de mí!

Es fácil quedar atrapado en la noción de que se trata de nosotros. Como predicadores, presentadores, somos artistas, y cada conversación es una parte de nosotros. Nos estamos poniendo ahí y tomamos cada comentario muy personalmente. Pero cuando me preguntaron por Tricia, me recordaron que me tomara menos en serio.

He recibido comentarios similares sobre mis hijos cuando predicaron en la iglesia, los presentaron en un seminario o dirigieron la adoración. Me quedaba atrás y escuchaba muchas observaciones de "Debes estar muy orgulloso". Pero esperaba eso. Cada vez que me preguntaban si era el

CONTROLAR LA GLORIA

padre de Tricia, Tricia ni siquiera estaba en la habitación. Fui inesperadamente reiniciado a la vida real.

2. Porque tampoco se trata de alguien más. Tricia realmente es impresionante. Ella es increíble en gran parte porque tiene una madre increíble. Tricia es impresionante porque a medida que el hierro afila el hierro, ella ha permitido que sus hermanos la afilen. Tricia es increíble porque tiene algunos grandes amigos y compañeros de equipo que la han ayudado a "asombrarla". Tricia es increíble porque ha tenido muchos mentores, entrenadores, maestros y familias de la iglesia que han ayudado a moldear su vida.

Pero la línea "Tricia es increíble" no se trataba de ellos.

3. Porque ni siquiera se trata de Tricia. El primer hombre que me hizo este "comentario de Tricia" me contó cómo Tricia había sido una gran influencia con su hija. El segundo comentario provino de una niña de edad universitaria que habló sobre cómo Tricia había pasado muchas noches hablando y aconsejando con ella, y cómo su vida había cambiado. El tercer comentario se produjo después de que hablé con los compañeros del equipo misionero de Tricia en un país del extremo oriental. Los recuerdo hablando inicialmente sobre Tricia, pero siguieron hablando más sobre cómo estaba trabajando Dios y cómo se estaba extendiendo el Reino y que algo poderoso estaba en acción.

4. Porque se trata de Dios. Cuando escuché, "¿Eres el padre de Tricia? ¡Tricia es increíble!" Sentí la maravilla de Dios. Él está vivo y trabajando de maneras que quizás nunca sepamos, en personas que nunca conocemos y en lugares que quizás nunca veamos. Fue increíblemente alentador para mí vislumbrar la multiplicación, tener una sensación de reproducción y experimentar la expansión del Reino de Dios.

> ¡Qué asombroso es el Señor Altísimo!
> Salmo 47:2 (NVI)

¡Dios realmente es impresionante! Dejemos toda la gloria para él.

MINI-CASO DE ESTUDIO:
HIGH DESERT CHURCH, VICTORVILLE, CALIFORNIA

El pastor Tom Mercer dice: "Un equipo de enseñanza es parte del" pensamiento exponencial". A menudo he dicho que el hecho de que tenga varios miembros del personal no significa que tenga un equipo de personal. En este momento, estamos en una temporada de sucesión (nuevos líderes). Compartir las responsabilidades del fin de semana, como una estrategia a largo plazo, es un componente clave para que el "viejo" no se pierda cuando se haya ido. Ahora podría irme por un par de meses a la vez y dudar de que mucha gente me extrañaría".

High Desert genera la presentación en vivo de su campus original, que se transmite a los otros campus en un porcentaje del tiempo. Los pastores principales del campus enseñan en vivo en sus sitios mensualmente.

El Equipo está compuesto por el Pastor a los Campus, el Pastor Principal, los Líderes del Campus, el personal de adoración de cada campus, el Pastor de Grupos Pequeños y el diseñador del Equipo de Comunicacion (el que haya sido asignado a la serie). Independientemente de quién esté enseñando, se espera que todos asistan a la reunión cada semana.

Los "campeones más experimentados de la teología ortodoxa" también están invitados a leer los guiones enviados y participar en las reuniones en la medida de lo posible.

En la reunión del equipo de enseñanza, los miembros discuten la presentación del fin de semana anterior (positivos y negativos), el guion inicial del próximo fin de semana y luego hacen una lluvia de ideas para el mensaje que se avecina el próximo fin de semana.

High Desert actualmente tiene tres predicadores primarios, además de los Pastores Principales, que hablan once o doce veces al año. El Pastor Principal habla aproximadamente de veinticuatro a veintiocho veces por año, los otros dos miembros hablan de seis a ocho veces cada uno. Los invitados "expertos" hacen de dos a cuatro mensajes y los líderes del campus enseñan en vivo en su sitio de once a doce veces.

Mercer enumera estas ventajas y desventajas de la enseñanza en equipo:

Ventajas:
- Creemos que la variedad (hasta cierto punto) es beneficiosa.
- Valoramos el equilibrio étnico en nuestras presentaciones de fin de semana.

- Creemos que el Espíritu Santo ha dotado a la mayoría de las iglesias (si no a todas) con múltiples maestros.
- Si el Pastor Principal fue removido por una tragedia o enfermedad, la iglesia está preparada para responder.
- ¡No más preparación de mensajes de última hora!

Desventajas:

- Los pastores tienen que superarse a sí mismos. Eso es una ventaja, pero puede sentirse como una desventaja.
- Se necesita mucho trabajo y preparación para movilizar a un grupo para hacer cualquier cosa.

> **EL GRAN RETO:**
> Tómese el tiempo para determinar cuándo y por quién es más probable que caiga preso del "síndrome de la celebridad". ¿Cuál es una estrategia para ayudarlo a mantener la humildad y ser intencional para no dejar que los elogios de la multitud voluble vayan a su cabeza?

SECCIÓN DOS
¿QUÉ?

CAPÍTULO 5

EN UNA MISIÓN

Ningún miembro de la tripulación es alabado por la individualidad robusta de su remo.
—Ralph Waldo Emerson

La mejor manera de averiguar si puede confiar en alguien es confiar en ellos.
—Ernest Hemingway

Dios no da iglesias a los líderes, les da líderes a las iglesias.
—Leonce Crump

En un momento durante un juego, el entrenador le dijo a uno de sus jugadores jóvenes: "¿Entiendes qué es la cooperación? ¿Qué es un equipo?" El niño asintió con la cabeza. "¿Entiendes que lo que importa es si ganamos juntos como equipo?" El niño asintió con la cabeza. "Entonces", continuó el entrenador, "cuando se penaliza, o no está de acuerdo, no discute, no maldice ni ataca al árbitro. ¿Entiendes todo eso?" Una vez más, el niño asintió con la cabeza. "Bien", dijo el entrenador. "Ahora ve allí y explícaselo a tu madre".

¿Qué constituye un equipo? Si vamos a desarrollar un equipo de predicadores, ¿cómo sería?

Hace un par de años, mi hija, Tricia, hizo una presentación sobre lo que hace que un equipo eficaz se base en su trabajo de misiones en un país extranjero, del que se supone que no debemos hablar, así que no mencionaré el nombre.

Tricia mencionó tres elementos de equipos en una misión:

1. **Roles claramente definidos.**

Tricia enseña en una universidad en una ciudad remota. Ella trabaja en un equipo con otros misioneros, y ellos han aprendido que si quieren ser efectivos deben formar un equipo con la iglesia subterránea local.

El primer día en su nueva ciudad, Tricia visitó al pastor de una iglesia local ubicada a las afueras del campus de la universidad donde enseña.

Mientras hablaban de filosofías, prioridades y roles, Tricia y el pastor llegaron a un entendimiento. El equipo de misiones en el extranjero se centraría principalmente en la evangelización, llevando a los estudiantes a Jesús. Esa es la experiencia de los misioneros. La iglesia subterránea se enfocaría principalmente en el crecimiento espiritual, ayudando a los nuevos creyentes a acercarse a Jesús. Esa es la pasión del pastor.

La aclaración de los roles redujo la inseguridad y la competencia, e inmediatamente fomentó la cooperación.

2. **Altos niveles de confianza**

Tricia admitió estar asombrada de que, durante su primera reunión con este pastor local de la iglesia, él le entregó un juego de llaves para las instalaciones de la iglesia. ¡Esta iglesia subterránea está ubicada en el sexto piso de un edificio de apartamentos!

Los equipos se desintegran sin confianza. Sin un alto grado de dependencia los equipos se descomponen.

3. Tareas peligrosas

Tricia admitió: "Una palabra cuestionable a las autoridades de él y me echarán del país. Una palabra cuestionable a las autoridades de mi parte y él irá a la cárcel".

Su conclusión: "¿Quieres unir a tu equipo? ¡Hagan algo ilegal juntos!

Los equipos fuertes no se forman tanto al comer helado juntos como al realizar conjuntamente misiones peligrosas, desafiantes y que cambian el mundo.

¿Cómo se ve un equipo de predicadores?

Un equipo eficaz incorporaría las tres características que Tricia mencionó:

Un equipo de enseñanza efectivo incluye roles claramente definidos.

En el Libro de los Hechos que los roles fueron definidos y entendidos.

> A Bernabé llamaron a Zeus, y a Pablo llamaron a Hermes porque él era el principal orador.
> Hechos 14:12(NVI)

Pablo y Bernabé comenzaron con roles definidos: Pablo era el principal orador. Quizás su ruptura en Hechos 15 surgió de una falta de definición de roles con respecto a quién estaba a cargo del reclutamiento de socios.

Pero parecían entender que Pablo era el orador principal.

El Equipo de Lanzamiento

No estoy seguro si escuché la analogía primero de Larry Osborne o Jeff Sammons. Ambos describieron a los equipos docentes como una especie de rotación de lanzadores.

(Osborne dice que, si vas al Dodger Stadium, no tienes que ir cuando el As Clayton Kershaw está lanzando. Puedes pasar un buen rato independientemente de quién sea el lanzador. Lo contrasta con asistir a una obra de Broadway. Si te das cuenta de que la estrella del espectáculo no está actuando, estás decepcionado de que tengas que sentarte a mirar al suplente. Me gusta la comparación de la Liga Nacional de Fútbol. La mayoría de las iglesias ven a su Pastor Principal como el mariscal de campo titular. Si el titular no está jugando, existe una gran diferencia en la calidad del "respaldo", por lo que puede que no valga la pena el precio de un boleto).

A menudo definimos los roles en el equipo de enseñanza de nuestra iglesia en la línea del equipo de lanzadores de un equipo de béisbol.

En casi cualquier equipo de béisbol encontrarás *el As del equipo*, también conocido como el perro líder, o el abridor número uno. Esta persona toma la pelota el día de la inauguración, para grandes juegos, y si los horarios lo permiten, el primer juego de cualquier serie de playoffs.

El Pastor Principal típicamente todavía sería el iniciador número uno en cualquier equipo de enseñanza.

El as probablemente planearía hablar en Semana Santa, Nochebuena y la mayoría de los grandes días.

El siguiente es *el número dos de arranque*. Algunos equipos afortunados tienen dos lanzadores fuertes a los que se refieren como 1 y 1A. Intentamos entrenar a nuestros oradores para que no haya una gran caída del Pastor Principal a la siguiente persona. Nuestros titulares número dos y número tres no se pierden el ritmo.

Una responsabilidad común para *el tercer y cuarto abridor* en un equipo de lanzadores típico es "comer entradas". No siempre se espera que estos jugadores sean tan capaces como el lanzador principal, pero permiten que el as descanse un poco y no tenga que hacerlo. llevar toda la carga.

La mayoría de los equipos de lanzadores de las Grandes Ligas de Béisbol tienen *un quinto abridor*. No se espera que este lanzador lance tanto como los jugadores principales, pero este es un papel significativo. Vemos al quinto titular como alguien que puede manejar los días de menor asistencia.

Luego está *el relevista*. Este lanzador entra en juego cuando un abridor se tambalea temprano, o un problema de salud o crisis hace que el abridor no pueda ir. ¿Tiene alguien listo para venir si el orador programado no puede asistir debido a una enfermedad, emergencia o crisis?

La mayoría de los equipos también tienen *relevistas de entrada media*. Estos lanzadores generalmente entran en la quinta, sexta o séptima entrada de un juego de nueve entradas. Su papel es mantener el liderazgo o mantener el juego cerca. Tenemos algunas personas que sobresalen en dar un punto en el medio del mensaje. Su papel no es llevar todo el sermón, sino mantener el flujo.

Al *especialista en salvamentos zurdo* a menudo se le pide que enfrente solo a uno o dos bateadores. En un equipo de predicación, tal vez haya alguien cuyo papel principal sea dar una palabra de sabiduría rápida. O quizás haya alguien en su equipo que pueda hablar como experto en un tema en varias ocasiones diferentes (como administración financiera u oración).

Otro rol es el *Jugador de la regla cinco*. Major League Béisbol instituye un draft amateur donde los equipos profesionales seleccionan de la escuela secundaria, la universidad y algunos jugadores internacionales. MLB también tiene otra forma de escoger jugadores:

"Elecciones de la Regla 5: una elección de jugador de MLB que ocurre cada año durante las Reuniones de Invierno de Gerentes Generales. La elección de la Regla 5 tiene como objetivo evitar que los equipos acumulen demasiados jugadores jóvenes en sus equipos afiliados de ligas menores cuando otros equipos estén dispuestos a que jueguen en las mayores … Los jugadores elegidos en la elección de la Regla 5 deben permanecer en la lista de 25 hombres de ese equipo. por una temporada completa o ser ofrecido de nuevo al equipo anterior …"[10]

Quizás haya un predicador potencial entre ustedes que no esté listo para hablar por adelantado, pero tener a esta persona en su equipo les permite desarrollarse mientras se juntan con sus predicadores actuales. Si no los incluye en su equipo, podría perderlos.

---

10 "MLB Draft Rules," DraftSite: The Original Full Round Mock Draft Site, accessed November 22, 2018, https://www.draftsite.com/mlb/rules/.

EN UNA MISIÓN

La mayoría de los equipos de béisbol tienen su mejor lanzador de relevo como *cerrador*. Este lanzador llega al final del juego, generalmente la novena entrada, para cerrar el juego y preservar una victoria para el equipo.

En nuestra iglesia, el pastor principal, Tim Pearring, sirve como el cerrador en esas ocasiones cuando no está predicando. Tim sube al escenario inmediatamente después del mensaje. Después de animar al orador, Tim destaca el sermón y lo vincula con la visión y los valores de la iglesia.

Me han preguntado si tener un equipo de enseñanza más grande disminuye la autoridad espiritual del pastor. Con Tim cerrando cada mensaje, creo que este enfoque en realidad mejora su liderazgo cuando no está predicando. (Si está familiarizado con el formato "Yo-Nosotros-Dios-Tú-Nosotros" de Andy Stanley, Tim hace la parte del mensaje "Nosotros" como el más cercano).

Otra posición a menudo pasada por alto en el cuerpo de lanzadores es el *bullpen cátcher*. Este jugador de rol no anunciado nunca entra en el juego o incluso en la lista activa, pero realiza la tarea de calentar lanzadores de relevo durante el juego y tal vez también iniciando lanzadores antes del juego.

Casey Chávez ha sido un receptor de bullpen para los Atléticos de Oakland por más de nueve temporadas. Nunca ha jugado un juego real a ese nivel. Recientemente, un periodista le preguntó: "¿Nunca deseas experimentar esa intensidad de nivel MLB dentro de las líneas de falta?"

Chávez respondió: "Cuando fui a la universidad, ya había dejado de jugar, y luego descubrí el lado del entrenador. Simplemente tenía más energía en ese lado del juego que nunca como jugador. Realmente no puedo decirte por qué aparte de eso siento que tal vez es algo para lo que nací. Pero disfruté jugando tanto como cualquiera; Había soñado con jugar tanto como cualquiera. El trabajo que no estaba dispuesto a hacer como jugador, por cualquier razón, estaba dispuesto a ponerlo del lado del entrenador. Entonces, al estar en ese lado del juego y no aferrarme a la esperanza o al sueño del jugador, tenía una ética de trabajo diferente. Y cuando me pidieron que aprendiera a atrapar, me obsesioné con hacerlo y trabajé tan duro como pude; Hablé con tantas personas como pude; ¡Estudié la posición tanto como pude, y todavía lo estoy haciendo!"

Puede haber personas en su ministerio que nunca predicarán en el escenario, pero pueden ser increíblemente valiosas desde el lado del entrenador del equipo.

Eso lleva al último papel: *el entrenador de picheo*. Esta persona entrena y asesora a los lanzadores del equipo. Aconseja al gerente sobre la condición de los lanzadores y sus brazos y sirve como asesor en el juego para el lanzador actualmente en el montículo.

Sirvo como entrenador principal para los predicadores de nuestro equipo. Trato de instruirlos y guiarlos, y asesorar al gerente, es decir, al Pastor Principal, sobre cómo progresan los maestros.

Además de estos roles en una lista de Grandes Ligas, los equipos profesionales de béisbol también tienen sistemas de formación, donde *los lanzadores de equipos en formación –* jugadores potenciales – son desarrollados y entrenados para crecer en su profesión. Tenemos dos tipos de reuniones del equipo de enseñanza en nuestra iglesia: una que se reúne para trabajar a través de horarios y mensajes, y otro equipo que trabaja con presentadores nuevos.

Ciertamente, es posible que no espere tener todas estas funciones en su equipo ministerial. Es posible que solo tenga una o dos personas involucradas. Pero un equipo debe tener más de una persona en él. Se ha dicho: "¡No hay un" yo "en el equipo!" También se ha dicho: "Lo sé, pero hay una 'Y' y una 'O', así que no necesito a nadie más". Sí, si lo necesitas.

Formar un equipo de enseñanza significa descubrir los roles apropiados para su ministerio y ubicar a las personas en esos puestos.

Un equipo de enseñanza efectivo incluye altos niveles de confianza.

El trabajo en equipo es esencial: le permite culpar a alguien más.

Pero el trabajo en equipo efectivo requiere confianza.

Un día, una esposa le dijo a su esposo: "No vas a creer esto, pero nuestros invitados de fin de semana robaron cuatro de nuestras mejores toallas". "Bueno", respondió el esposo, "algunas personas son así. No puedes confiar en ellos, simplemente están hechos de esa manera. Por cierto, ¿cuáles obtuvieron?" La esposa dijo: "¡Se robaron esos blancos esponjosas con Hyatt Regency escrito en ellos!"

Es difícil confiar en las personas, especialmente después de que nos hayan quemado varias veces. Una vieja cita dice: "La gente me pregunta por qué es tan difícil confiar en la gente, yo les pregunto:" ¿Por qué es tan difícil cumplir una promesa?"

La confianza es difícil. Pero el Libro de los Hechos está lleno de líderes que confiaron en otras personas.

Bernabé confiaba en Pablo cuando nadie más:

> Cuando Saúl llegó a Jerusalén, trató de reunirse con los creyentes, pero todos le tenían miedo. ¡No creían que realmente se había convertido en un creyente! Entonces Bernabé lo llevó a los apóstoles y les contó cómo Saúl había visto al Señor en el camino a Damasco y cómo el Señor le había hablado a Saúl. También les dijo que Saúl había predicado con valentía en el nombre de Jesús en Damasco.
>
> Hechos 9:26-27 (NTV)

Es sorprendente para mí que inmediatamente después de que Pablo y Bernabé tuvieron su fuerte desacuerdo, Paul encontró a Timothy.

> Pablo fue primero a Derbe y luego a Listra, donde había un joven discípulo llamado Timothy. Su madre era creyente judía, pero su padre era griego. Los creyentes en Listra e Iconeo pensaron bien en Timothy, por lo que Paul quería que se uniera a ellos en su viaje. En deferencia a los judíos de la zona, arregló que Timothy fuera circuncidado antes de que se fueran, ya que todos sabían que su padre era griego.
>
> Hechos 16:1-3 (NTV)

Lo que es aún más sorprendente es que Timoteo permitió que Pablo lo circuncidara.

El claro entorno de confianza es una de las principales causas de la expansión de la iglesia a través de los primeros discípulos.

El colaborador principal Nathan "Chivo" Hawkins dice: "La confianza es la base sobre la que se basa la colaboración".

Amber Harding concluyó: "Contrariamente a la creencia popular, ciertamente hay un 'yo' en 'equipo'. Es el mismo 'yo' que aparece tres veces en 'responsabilidad'".

Booker T. Washington lo expresó de esta manera: "Pocas cosas ayudan a un individuo más que ponerle responsabilidad y hacerle saber que usted confía en él".

Peter Drucker observó: "Me parece que los líderes que trabajan de manera más efectiva nunca dicen 'yo'. Y eso no es porque se hayan entrenado para no decir 'yo'. No piensan 'yo'. Piensan 'nosotros'; piensan 'en equipo'. Entienden que su trabajo es hacer que el equipo funcione. Aceptan la responsabilidad y no la eluden, pero 'nosotros' obtenemos el crédito … Esto es lo que crea confianza, lo que le permite realizar la tarea".[11]

Desarrollar un equipo de enseñanza significa que debemos aprender a confiar en otras personas. Los autores de *Extreme Ownership* concluyen su libro con esto:

> Un líder no tiene nada que demostrar, pero sí todo que demostrar. En virtud del rango y la posición, el equipo comprende que el líder está a cargo. Un buen líder no se jacta ni se deleita en su posición.

---

11 "Peter F. Drucker," Citaty.net, accessed November 22, 2018, https://citaty.net/citaty/889889-peter-f-drucker-the-leaders-who-work-most-effectively.

Hacerse cargo de los detalles minuciosos solo para demostrar y reforzar al equipo la autoridad de un líder es la marca de un liderazgo pobre e inexperto que carece de confianza. Dado que el equipo entiende que el líder está a cargo, a ese respecto, un líder no tiene nada que demostrar. Pero en otro aspecto, un líder tiene todo que demostrar: cada miembro del equipo debe desarrollar la confianza de que su líder ejercerá un buen juicio, mantendrá la calma y tomará las decisiones correctas cuando más lo necesite. Los líderes deben ganarse ese respeto y demostrar su valía, demostrando a través de la acción que cuidarán al equipo y velarán por sus intereses y bienestar a largo plazo. En ese sentido, un líder tiene todo para demostrar todos los días.[12]

Un equipo de enseñanza efectivo implica tareas peligrosas.

Tan pronto como hay vida hay peligro.
—Ralph Waldo Emerson

Un día, en la oficina del veterinario, un hombre y la recepcionista estaban discutiendo verbalmente. Las cosas se pusieron bastante calientes, y después de unos momentos de tensión, un técnico salió en defensa de la recepcionista. "Señor", intervino, "¿sabe lo que les sucede a los machos agresivos en esta oficina?"

---

12 Willink and Babin, *Extreme Ownership*, 277.

La vida es peligrosa

Helen Keller observó: "La seguridad es principalmente una superstición. No existe en la naturaleza, ni los hijos de los hombres en general lo experimentan. Evitar el peligro no es más seguro a largo plazo que la exposición directa. La vida es una aventura atrevida o nada".

> Cuando conduzco aquí, veo un letrero que dice: PRECAUCIÓN: NIÑOS PEQUEÑOS JUGANDO. Disminuyo la velocidad y luego se me ocurre, no tengo miedo de los niños pequeños.
> —Jonathan Katz

Tal vez no tienes miedo de predicar. Quizás deberías estarlo.

La predicación es peligrosa. Mi papá era ingeniero civil. Solía bromear: "Un médico entierra sus errores. Los errores de un abogado terminan en prisión. Pero los errores de un ingeniero civil están a la vista de todos." Cuando me convertí en pastor, bromeé: "Papá, los errores de un predicador terminan en el infierno".

La predicación puede ser peligrosa. Solo mira las pruebas de Pablo:

> He trabajado más duro, me han encarcelado más a menudo, me han azotado muchas veces y me enfrento a la muerte una y otra vez. Cinco veces diferentes los líderes judíos me dieron treinta y nueve latigazos. Tres veces fui golpeado con barras. Una vez fui apedreado. Tres veces naufragué. Una vez

pasé toda una noche y un día a la deriva en el mar. He viajado en muchos viajes largos. Me he enfrentado al peligro de los ríos y los ladrones. He enfrentado el peligro de mi propio pueblo, los judíos, así como de los gentiles. Me he enfrentado al peligro en las ciudades, en los desiertos y en los mares. Y me he enfrentado al peligro de hombres que dicen ser creyentes, pero no lo son. He trabajado duro y largo, soportando muchas noches sin dormir. He tenido hambre y sed y muchas veces me he quedado sin comida. Me he estremecido por el frío, sin ropa suficiente para mantenerme caliente.

2 Corintios 11:24-27 (NTV)

El mensaje es claro: ¡No subas a un bote con el Apóstol Pablo! Y tenga en cuenta que cuando invita a otras personas al ministerio de predicación, las está invitando a una misión peligrosa.

En su libro, *Torturado por Cristo*, Richard Wurmbrand recuerda: "Estaba estrictamente prohibido predicar a otros prisioneros. Se entendió que quien fue atrapado haciendo esto recibió una fuerte paliza. Algunos de nosotros decidimos pagar el precio por el privilegio de predicar, por lo que aceptamos sus términos (los comunistas). Fue un trato; predicamos y nos golpearon. Estábamos felices predicando. Estaban felices de vencernos, así que todos estaban felices".[13]

"Los periódicos lo llamaron la 'Danza del peligro': construcción de puentes sobre pasarelas oscilantes y altas

---

13 Richard Wurmbrand, George Verwer, and Dale Rhoton, *Tortured for Christ* (Colorado Springs, CO: David C Cook, 2017).

torres, a veces cientos de pies en el aire, arrastrados por vientos malsanos. Este baile incluso había producido una tasa de mortalidad calculada: por cada millón de dólares gastados, se perdería una vida. Eso era lo que los funcionarios podían esperar. Los ingenieros en el puente Golden Gate, sin embargo, creían que los riesgos podrían reducirse. Cuando comenzó la construcción en 1932, se pusieron en práctica numerosas medidas de seguridad y se aplicaron estrictamente: uso obligatorio de cascos, anteojos con filtro recetado, no se puede navegar en barco (causa del disparo automático), líneas de amarre y un sitio hospital ayudó a reducir en gran medida la tasa de víctimas. Después de casi cuatro años de construcción y $ 20 millones gastados, solo un trabajador había muerto. El dispositivo de seguridad más efectivo, sin duda, era tan nuevo para la construcción de puentes como lo era para el circo: el uso de una red de trapecio. Este gran costo neto $130,000 y cubierto de sesenta pies debajo de la Carretera en construcción, que se extiende diez pies a cada lado. Tan efectiva fue la red de seguridad que los periódicos comenzaron a contar puntajes de caja: 'Puntaje en la red de seguridad de Gate Bridge hasta la fecha: ¡8 vidas salvadas!' Se decía que aquellos hombres cuyas vidas habían sido entregadas por la red se habían unido al 'Club Medio camino al infierno'. Más allá de eso, la red tuvo otro beneficio significativo: liberó a muchos de los trabajadores de una sensación de miedo a menudo paralizante. Y eso, dijeron muchos, les ayudó a trabajar de manera más productiva".[14]

---

14 Robert Lewis and Rob Wilkins, *The Church of Irresistible Influence* (Grand Rapids, MI: Zondervan Pub. House, 2001), 140-141.

El peligro puede unirnos como un equipo como ninguna otra cosa, y sobrevivir juntos al peligro puede ayudarnos a ser aún más productivos.

¿Cómo se ve un equipo docente? Parece un ambiente de misión.

MINI-CASO DE ESTUDIO:
REFUGE, LONG BEACH, CALIFORNIA

Auto descrito Ninja de la Plantación de Iglesias Peyton Jones comenzó la iglesia con una mentalidad de Efesios 4. Sirvió como apóstol, pero buscó un profeta, evangelista, pastor y maestro para su equipo de enseñanza. Los cinco tipos diferentes de líderes mencionados en ese capítulo fundamental de la Biblia sirven para ayudar a los creyentes. Actualmente hay un equipo de siete a ocho oradores.

Los predicadores son rotados. El apóstol hizo la mayor parte de la predicación al principio debido a las prioridades misionales y de avance del reino. Ahora el maestro hace la parte del león. El maestro habla dos veces al mes con los demás llenando los vacíos, a veces los novatos se rotan para hablar de cinco a diez mensajes.

Los oradores potenciales salen del proceso de discipulado y principalmente a través de pequeños grupos. Los líderes están capacitados para buscar dones de enseñanza durante las conversaciones. Jones escribe: "Usted crea una tubería de liderazgo. Los creyentes escuchan de diferentes estilos de enseñanza y dones (profético, pastor, maestro, etc.). ¡Tienes líderes de equipo listos para usar!"

Jones implementa retiros de capacitación para predicadores / maestros.

Detalles de la lección: Siete clases cubren elementos esenciales del carácter, preparación y entrega del predicador. Se centran en siete lecciones principales:

El corazón de la enseñanza – Esdras 7 y Nehemías 8
El llamado del maestro – 2 Corintios 2:17, 3: 5-6
El corazón del maestro – 2 Corintios 5
La integridad del maestro – Daniel 6
El Espíritu Santo en el Maestro – Hechos 1: 4-8, 2 Corintios 3-4
Confianza Sagrada – 2 Timoteo 1:13-14
Bienvenido a la lucha – 1 Timoteo 6:12, Colosenses 1:28-2:1

A cada clase le sigue una preparación práctica de elementos esenciales para la enseñanza de la Biblia.

Los estudiantes recibirán comentarios inmediatos y aprenderán unos de otros mientras se escuchan, critican y se animan mutuamente. Jones concluye: "¡Así que deja tu ego en casa y preséntate listo para aprender!"

Peyton cita las desventajas de la enseñanza en equipo como una falta de coherencia y "si las personas son carnales, 'siguen a Apolos' o 'Cefas'".

EL GRAN RETO:

Identifique qué puestos en su equipo de lanzadores están actualmente ocupados y qué puestos están actualmente vacíos. Establezca una meta para llenar al menos una de las posiciones vacías dentro de un período específico de tiempo.

CAPÍTULO 6

UNA ALA Y UNA ORACIÓN

La predicación puede ser el trabajo más fácil del mundo. Pero si lo haces bien, es el trabajo más difícil del mundo.
—Jeff Sammons

Un mensajero preparado es más importante que un mensaje preparado.
—Robert Munger

Algunos ministros son capaces de dar la impresión de que fueron informados hace solo cinco minutos de que era domingo.
—Fred Craddock

"Este será el curso universitario más difícil que jamás tomará", advirtió el instructor de habla a nuestra clase de sala de pie el primer día. "Desearás estar tomando esa clase de anatomía de eliminar a los estudiantes de medicina de la que todos se quejan. Apilaré tus tareas tan altas que temerías que alguna vez te hayas inscrito y te hayas quedado en esta clase de discurso." La profesora contó severamente sus días escribiendo discursos para "un gobernador de California muy famoso que solía ser actor", y lo difícil que es escribir, preparar y pronunciar discursos, especialmente bajo su tutela. Su objetivo parecía que era asustar a la mayoría de nosotros para no tomar su clase. Resultó que eso era exactamente lo que estaba intentando. Solo doce de nosotros aparecimos en la próxima reunión de clase.

Comenzó el día dos disculpándose por sus duras palabras el primer día, explicando que demasiados estudiantes se habían inscrito y que necesitaba reducir los números. Ella tomó exactamente el mismo enfoque para su curso avanzado de oratoria que yo tomé el siguiente semestre. En realidad, esta maestra era un amor, amaba a sus alumnos y sus clases eran mis favoritas en UCLA. Pero sus advertencias del primer día sí contenían mucha verdad: hablar es un trabajo duro.

> Cada sábado se encontraba a Pablo en la sinagoga, tratando de convencer a judíos y griegos por igual. Y después de que Silas y Timoteo vinieron de Macedonia, Pablo pasó todo su tiempo predicando la palabra. Él testificó a los judíos que Jesús era el Mesías.
>
> Hechos 18:4-5 (NTV)

Pablo pasó "todo su tiempo" trabajando en sus mensajes. La versión de Felipe dice que estaba inmerso en su trabajo:

> Cuando Silas y Timoteo llegaron de Macedonia, Pablo estaba completamente absorto en predicar el mensaje, mostrando a los judíos lo más claramente posible que Jesús era Cristo.
>
> Hechos 18:4-5 (Phillips)

Nuevamente, vemos las claras marcas de diligencia en los mensajes de Pablo:

> Luego, Pablo se dirigió a la sinagoga allí y durante tres meses habló con la máxima confianza, utilizando argumentos y persuasión mientras hablaba del reino de Dios.
>
> Hechos 19:8 (Phillips)

Al final del Libro de los Hechos, vemos que Pablo continúa trabajando cuidadosamente en la predicación:

> Explicó y testificó sobre el Reino de Dios e intentó persuadirlos sobre Jesús de las Escrituras. Usando la ley de Moisés y los libros de los profetas, les habló desde la mañana hasta la tarde.
>
> Hechos 28:23 (NTV)

Más tarde, Pablo le escribió esto a Timoteo:

> "Hasta que yo venga, dedícate a la lectura pública de las Escrituras, a la predicación y a la enseñanza".
>
> 1 Timoteo 4:13 (NVI)

¿Cómo se ve un equipo de predicadores? Parece un trabajo duro. Desarrollar un equipo de enseñanza significa ir más allá de la zona de confort para ser mucho más intencional sobre la tarea.

John Stott, en su libro *El desafío de la predicación*, admite: "Un bajo nivel de vida cristiana se debe, más que nada, a un bajo nivel de predicación cristiana. Si la iglesia va a florecer nuevamente, existe la necesidad de una predicación bíblica fiel, poderosa. Dios todavía insta a su pueblo a escuchar y a sus predicadores a proclamar su palabra".[15]

Tim Notke dice: "El trabajo duro supera al talento, cuando el talento no trabaja duro".

Wayne McDill escribió en *The 12 Essential Skills for Great Preaching*, "Predicar no es una tarea fácil. En cada generación, alguien declara que predicar como siempre lo hemos sabido es cosa del pasado. Se sugieren alternativas que serán mucho más efectivas: asesoramiento, drama, medios audiovisuales, conferencias con PowerPoint. Las palabras del antiguo libro de Eclesiastés siguen siendo ciertas hoy en día para la obra del fiel predicador: Y, además, como el Predicador era sabio, todavía enseñaba a la gente el conocimiento; sí, reflexionó y buscó y ordenó muchos proverbios. El Predicador buscó encontrar palabras aceptables; y lo que estaba escrito era recto: palabras de verdad' (Eclesiastés 12: 9-10, NKJV)".[16]

El gran predicador Salomón agregó:

> La gente perezosa quiere mucho, pero consigue poco, pero aquellos que trabajan duro prosperarán.
> Proverbios 13:4 (NTV)

---

[15] John R. W. Stott and Greg Scharf, *The Challenge of Preaching* (Grand Rapids, MI: William B. Eerdmans Publishing Company, 2015).

[16] Wayne McDill, *12 Essential Skills for Great Preaching*, 2nd ed. (Nashville, TN: B & H Publishing Group, 2018), Kindle Edition, Locations 129-134.

> La buena planificación y el trabajo arduo conducen a la prosperidad, pero los atajos apresurados conducen a la pobreza.
>
> Proverbios 21:5 (NTV)

Mark Twain bromeó: "Lleva tres semanas preparar un discurso improvisado".

La predicación requiere diligencia. Predicar en equipo requiere diligencia del equipo. Y la predicación en equipo ayuda a garantizar la diligencia. Un equipo docente ayuda con intencionalidad y laboriosidad al hablar.

El equipo nos empuja de vuelta al pasaje.

Una frase que escuchará constantemente en las reuniones de nuestro equipo docente es: "El poder proviene del pasaje".

Haddon Robinson lo expresó de esta manera: "Sin embargo, cuando no pueden predicar las Escrituras, abandonan su autoridad".

Tim Challies descubrió: "Según un nuevo estudio realizado por Gallup, lo mejor de la iglesia hoy en día no es la adoración y no el pastor. No es el humo y las luces y no son los programas juveniles de moda y relevantes. Ni siquiera es el café orgánico de comercio justo en la cafetería. Lo más atractivo en la iglesia hoy es la predicación. No solo es la predicación, sino una forma muy específica: la predicación basada en la Biblia".

Hace poco asistí a una reunión nacional para líderes. Los grandes predicadores fueron llamados para los mensajes principales. A uno de los oradores se le asignó el desafío de predicar sobre el empoderamiento. No había oído hablar de esta persona, y me sorprendió escucharlo hablar sobre cómo el Rey Saúl le dio poder a David al darle al niño su armadura real. El orador fue entretenido. Comenzó a temblar, lanzó rimas, arregló para que un teclista subiera al escenario y acompañara su predicación con música de órgano de fondo. La multitud se volvió loca, casi todos se pusieron de pie y aplaudieron.

Me quedé estupefacto. ¿El rey Saúl dio poder a David? Me preguntaba si alguien más en el auditorio había leído esa historia. Saúl no dio poder, abdicó su liderazgo. 1 Samuel 17:37 dice: "*Saúl finalmente consintió ...*" Esto fue como decir que Richard Nixon autorizó a Gerald Ford.

El orador podría haber usado una serie de historias bíblicas para entenderlo porque en realidad es un principio bíblico: estamos llamados a empoderar a otros. Pero eligió verse bien en lugar de permitir que el poder provenga del pasaje. No hizo su trabajo.

A Fred Craddock se le preguntó una vez la clave de la predicación. Él respondió: "Primero, lea el pasaje". Luego agregó: "Demasiados predicadores preparan un sermón completo sin mirar el texto bíblico".

Recientemente, nuestra iglesia estaba trabajando en una serie sobre el capítulo 4 de Lucas. Uno de los oradores nos llevo a través de su charla. Estaba bien pensado, bien diseñado y bien hecho, pero todas las demás personas en el equipo plantearon la misma pregunta: "¿Dónde está Lucas capítulo 4 en su mensaje? Buena conversación, pero ¿dónde está el pasaje?" El orador estuvo de acuerdo, se disculpó e hizo los cambios apropiados. El poder proviene del pasaje.

Cuando utilizamos un equipo para la colaboración o simplemente ejecutamos el mensaje por adelantado, el equipo puede llevarnos de vuelta al pasaje. La tentación es usar el pasaje como trampolín para llegar a nuestras opiniones, o incluso saltar a otros pasajes. Un equipo trabajando juntos nos ayuda a mantenernos bíblicos y ortodoxos.

El equipo nos anima a dedicar tiempo

Podemos pasar por alto nuestro talento solo por un tiempo, pero a menos que trabajemos para desarrollarlo, no vamos a llegar muy lejos.

Calvin Miller escribió: "Convertirse en un gran predicador, como convertirse en un gran artista, requiere un compromiso de por vida".

D. A. Carson agregó: "No existe una enseñanza bíblica eficaz y de largo alcance que no esté acompañada de largas horas de estudio continuo de la Biblia".

La predicación lleva tiempo.

El comediante Steven Wright observó: "Vi la Indy 500, y estaba pensando que si se iban antes no tendrían que ir tan rápido".

Los atajos no funcionan bien en el púlpito.

Seth Godin escribió sobre "El mito del rápido":

> En su trabajo diario, *El mago de Oz* vendía hokum. Medicamentos patentados garantizados para curar lo que te aqueja. Y ninguno de ellos funcionó.
>
> En lo profundo de cada uno de nosotros está el anhelo por la píldora, la grieta en el cuello, la reorganización organizativa que solucionará todo.

UNA ALA Y UNA ORACIÓN

A veces, incluso sucede. A veces, de vez en cuando, en realidad hay una piedra en nuestro zapato, fácil de quitar. Y esta rara ocurrencia sirve para alentar nuestros sueños de que todos nuestros problemas tengan un diagnóstico tan simple y un remedio aún más simple.

Por desgracia, no es cierto.

La cultura lleva años para crear y años para cambiar.

Las enfermedades rara vez responden en días a un tratamiento.

Las organizaciones que se están ahogando necesitan aprender a nadar.

Los hábitos superan las intervenciones cada vez.

Considere estos límites…

Evita la dieta de choque.

Teme a la acción que es seguro duplicar durante la noche.

Sé escéptico de una nueva tecnología que seguramente sea revolucionaria.

Aléjese de un consultor que pueda transformar su organización de una sola vez.

Su proyecto (y su salud) es demasiado valioso para depender de los boletos de lotería.

Hay innovaciones y momentos que conducen al cambio. Pero ese cambio ocurre con el tiempo, con nuevas reglas que causan nuevos resultados que se combinan. La victoria instantánea es en gran medida un mito.

Los elementos esenciales de un milagro son que es raro e impredecible. No es el camino confiable que estabas buscando.[17]

Cuando pasamos a la predicación en equipo, nos vemos obligados a ser aún más intencionales a la hora de dedicar el tiempo, el trabajo y el esfuerzo porque sabemos que pueden saber si solo lo estamos haciendo.

¿Crees que Bernabé iba a entregar un "Especial de Sábado por la noche" con Pablo en su equipo? No lo creo.

El equipo nos ayuda a compartir el trabajo.
Sospecho que muchos predicadores terminan su última clase de predicación y nunca obtienen realmente ayuda el resto de sus vidas de predicación. No es de extrañar que muchos de nosotros luchemos.

El entrenador de baloncesto de la Universidad de Kentucky, John Calipari, hizo una sorprendente admisión sobre lo que les dice a sus jugadores: "'Tienes que amar la rutina'. Eso es algo que probablemente escuchen de mí más que cualquier otra cosa. Tienes que amar la rutina. Abraza el trabajo. Abraza el sudor. Abraza el dolor".[18]

La Navidad finalmente terminó y la esposa del pastor se dejó caer en un sillón y dijo: "¡Chico! ¿Estoy alguna vez cansado? Su esposo la miró y dijo: "Tuve que realizar dos servicios especiales anoche, tres hoy, y dar un total de cinco sermones. ¿Por qué estás tan cansada?"

---

17 https://seths.blog/2016/12/the-myth-of-quick/
18 John Calipari, *Players First: Coaching from the inside out* (NY, NY: Penguin Press, 2015), Kindle Edition, 101.

"Querido", respondió ella, "tuve que escucharlos a todos".

El equipo no solo nos anima a trabajar duro, sino que nos ayuda a llevar la carga.

Charles Swindoll escribió: "Los predicadores tienen un dicho: '¡El domingo llega cada tres días!' Cada vez que lo cito, los compañeros predicadores responden invariablemente con una risa de complicidad … Como un pesado tren de carga, el domingo por la mañana rueda hacia él con inevitable e implacable inevitabilidad".

A.B. Simpson dijo: "Dios ha escondido cada cosa preciosa de tal manera que es una recompensa para los diligentes, un premio para los sinceros, pero una decepción para el alma perezosa. Toda la naturaleza está dispuesta contra la tumbona y el ocioso. La nuez está escondida en su caja espinosa, la perla está enterrada bajo las olas del océano; el oro está aprisionado en la montaña rocosa; la gema se encuentra solo después de aplastar la roca que la encierra; la tierra misma da su cosecha como recompensa al agricultor trabajador".

El Dr. Benjamin Bloom escribió un libro titulado *Condiciones de enseñanza y aprendizaje para niveles extremos de desarrollo de talentos* (Obviamente, elegir títulos no es uno de sus puntos fuertes). Estudió cuánto tiempo se tarda en lograr una competencia de clase mundial en un campo. El estudio analizó pianistas de concierto de clase mundial, escultores, matemáticos, cirujanos cerebrales, atletas olímpicos y campeones de tenis. ¿Adivina cuánto tiempo en promedio se tardó en convertirse en clase mundial? La respuesta es entre diez y diecisiete años. Por ejemplo, en un estudio de los ganadores de las principales competiciones internacionales de piano, se descubrió que los pianistas trabajaron 17.14 años desde el día en que comenzaron a tomar clases de piano hasta el día en que ganaron una competencia importante.

En su libro *Outliers*, Malcom Gladwell analiza la investigación que concluye que se necesita un promedio de diez mil horas de trabajo para que alguien se convierta en un experto en un tema o tarea.

La buena noticia es que con un buen equipo podemos contar las horas y los días, e incluso los años, que nos ayudan mientras buscamos ser competentes.

El equipo nos ayuda a hacer mejoras.
John Wooden dijo: "El ingrediente principal en el estrellato es el resto del equipo".

El líder de la Cohorte de Enseñanza, Jim Kennon, confesó: "Después de treinta y cinco años de predicación, todavía encuentro un gran beneficio en reunirme con un grupo de predicadores que desean mejorar sus habilidades. Cuando uno se vuelve experto en su oficio, es fácil comenzar a aceptar el status quo. "Ya me realicé como predicador y no hay necesidad de mejorar". Nada podría estar más lejos de la realidad. Nuestra cohorte me anima a agudizar mis habilidades. Me ha empujado a dedicar más tiempo a perfeccionar mis mensajes. Sin duda, me ha ayudado a mejorar mi juego".

El desarrollo de un equipo de enseñanza nos saca de nuestras rutinas, nuestros patrones mediocres, nuestros gestos distractores. Podemos mejorar si trabajamos con otros.

"Ninguno de nosotros es tan inteligente como todos nosotros".

—Ken Blanchard

Carmine Gallo, en *The Presentation Secrets of Steve Jobs*, habla de esto:

> Steve Jobs pasa horas ensayando cada faceta de su presentación. Cada diapositiva está escrita como una poesía, cada presentación representada como una experiencia teatral. Sí, Steve Jobs hace que una presentación se vea sin esfuerzo, pero ese pulido viene después de horas y horas de práctica agotadora. Steve Jobs ha mejorado su estilo con el tiempo. Si mira videoclips de las presentaciones de Steve Jobs que datan de hace veinte años, verá que mejora significativamente con cada década. El Steve Jobs de 1984 tenía mucho carisma, pero el Steve Jobs de 1997 era un orador mucho más pulido. El Steve Jobs que presentó el iPhone en 2007 fue aún mejor. Nadie nace sabiendo cómo ofrecer una excelente presentación de PowerPoint. Los oradores expertos perfeccionan esa habilidad con la práctica.[19]

Charles Capps dice: "No practico lo que predico, predico lo que practico".

La práctica es mejor en equipos.

---

19 "Peter F. Drucker," Citaty.net, accessed November 22, 2018, https://citaty.net/citaty/889889-peter-f-drucker-the-leaders-who-work-most-effectively.

El equipo nos ayuda a saber qué eliminar.
Mi nieta, Hannah, acaba de regresar de un campamento de verano donde participó en un servicio de adoración juvenil. "¿Cómo estuvo el orador?", Pregunté. Hannah simplemente respondió: "Habló durante una hora y media".

Algunos predicadores usan Hechos 2:40 como el versículo de su vida: "Entonces Pedro continuó predicando por mucho tiempo ..." (Hechos 2:40, NTV).

El reverendo Robert Marshall de Michigan predicó el sermón más largo registrado en 1976. Predicó durante sesenta horas y treinta y un minutos. El anterior poseedor del récord fue Robert McKee, quien habló durante cincuenta y dos horas.

Rick Warren bromeó diciendo que un sermón debería ser como una falda: lo suficientemente largo como para cubrir el tema, pero lo suficientemente corto como para hacerlo interesante.

El gran Charles Spurgeon ofreció este consejo: "Si me preguntas cómo puedes acortar tus sermones, debo decir que los estudies mejor ... generalmente somos más largos cuando menos tenemos que decir".

Se le preguntó a Miguel Ángel sobre las dificultades que debió haber encontrado en su escultura más grande. Él dijo: "Es fácil. Simplemente quitas la piedra que no se parece a David".

El único problema con esa declaración es que no es fácil.

Mark Twain supuestamente dijo: "Me disculpo por la extensión de esta carta, pero no tuve tiempo para acortarla".

Carmine Gallo dedica un capítulo entero en *Talk Like TED: Los 9 secretos de hablar en público de las principales mentes del mundo* a la duración de la presentación. Él concluye que dieciocho minutos es el tiempo perfecto para una charla:

> El Dr. Paul King de la Texas Christian University ha sido un académico influyente en el campo de los estudios de comunicación durante treinta años. Hablé con King sobre su investigación sobre la "ansiedad del estado en el rendimiento auditivo". La mayoría de nosotros cree que la ansiedad afecta solo a la persona que da el discurso o la presentación. El Dr. King descubrió que los miembros de la audiencia también sienten ansiedad … King dice que el procesamiento cognitivo (pensar, hablar y escuchar) son actividades físicamente exigentes. "Estaba en el equipo de debate en la escuela secundaria. También jugué al baloncesto. Pude correr arriba y abajo de la cancha todo el día. Llegué a la final de mi primer torneo de debate y tuve una serie de tres debates. Cuando terminé, apenas podía moverme. Me subí a un viejo autobús escolar amarillo, me quedé dormido y no me desperté hasta que llegué a casa. Eso fue extraño para mí. Si realmente te estás concentrando, la escuchar críticamente es una experiencia físicamente agotadora. Escuchar como miembro de la audiencia es más agotador de lo que le damos crédito.[20]

---

20 Carmine Gallo, *Talk like TED: The 9 Public Speaking Secrets of the World's Top Minds* (London: Pan Books, 2017), 185.

Peter Coughter advirtió: "Al público no le importa cuánto sabemos. Al público le importa lo interesante que les digamos sobre lo que sabemos".[21]

Como oradores, puede ser desalentador para nosotros reducir nuestros mensajes a una longitud más agradable. Pero no es un gran desafío para el equipo. Si me pregunto qué excluir, solo pregunto a mi equipo de predicadores. Pueden identificar instantáneamente (y a veces brutalmente) lo que no encajaba, lo que lo distraía y lo que no era necesario.

Si bien dieciocho minutos podrían ser más efectivos para una presentación de estilo Ted Talk en lugar de un sermón dominical, el punto principal es que tendemos a ser mejores predicadores cuando vamos más cortos que largos. La mayoría de los predicadores pueden enseñar cuarenta minutos cuando pueden ser más efectivos a los veinticinco o treinta minutos.

¿Cómo se ve un equipo de predicadores? Parece un entorno de maximización del trabajo duro.

¿Es posible prepararse demasiado?

Una pregunta que sigue surgiendo en nuestras cohortes de predicación últimamente es: "¿Puede un predicador prepararse demasiado?"

Debo admitir que hubo una temporada en mi vida de predicación en la que todos los viernes y sábados por la noche me encontraba en mi oficina luchando y buscando la broma, la historia o la cita correcta para agregar al sermón

---

21 Peter Coughter, *Art of the Pitch – Persuasion and Presentation Skills That Win Business* (Palgrave Macmillan, 2012), Kindle Edition, 28.

del domingo. Y cuando miro hacia atrás en esos mensajes, habrían sido mejores sin mi trabajo nocturno. Más a menudo que no, agregué lo innecesario.

Tuve un asociado desde hace mucho tiempo que dedicaba al menos cuarenta horas a cada uno de sus mensajes, sin embargo, normalmente se sentía frustrado por no poder reducir el mensaje a un punto claro o respetar las limitaciones de tiempo del servicio dominical.

Dave Strobolakos de Grace Church en Henderson, Nevada, se esfuerza por lo que él llama la "Dosificación mínima efectiva" (MED) en la preparación de su mensaje. El MED es un término médico para una cantidad de un medicamento que es suficiente para causar cambios positivos. Muchos predicadores coquetean con la Dosis Máxima Tolerada (MTD) en su lugar.

Debemos reconocer que existe una línea entre efectividad y toxicidad.

Una excelente manera para que un predicador se proteja contra la sobredosis en la preparación de sermones es dirigiendo la charla por el equipo de enseñanza. El equipo puede declarar que el mensaje está listo o dar sugerencias claras sobre qué adiciones o restas deben hacerse. Hay algo increíblemente liberador en hacer que el equipo firme que una presentación está lista para comenzar. Consigue un equipo y permíteles decir: "Suficiente".

MINI-CASO DE ESTUDIO:
THE BLOCK CHURCH, PHILADELPHIA, PENNSYLVANIA

La Iglesia Block es un ministerio en crecimiento que busca revivir Filadelfia un bloque a la vez. El pastor principal, Joey Furjanic explica: "Definitivamente utilizamos el" equipo "para descansar, desarrollar el liderazgo, la capacitación y otras perspectivas".

La iglesia tiene seis oradores en rotación, los pastores locales, dos evangelistas involucrados en la iglesia y entre cinco y diez personas en capacitación para hablar. "Los pastores de mi ubicación hablan una vez al mes", dice Furjanic. "Escribo los sermones. Usan las notas que creo y agregan sus propias ilustraciones. Tenemos cinco servicios, y algunos fines de semana tendremos cinco o diez oradores diferentes, donde los predicadores más jóvenes o nuevos que estoy entrenando etiquetarán al equipo. Usualmente hago la introducción y cierro, pero predican el mensaje".

Furjanic todavía hace la mayor parte de la predicación, pero los pastores de ubicación y otros miembros del equipo están empezando a hablar más. Joey pregunta: "¿A quién estoy entrenando? ¿Quién tiene influencia? ¿Quién tiene potencial? ¿Quién es dotado? mientras busca desarrollar líderes. Su resultado final para el entrenamiento es simple: "Mírame. Y esté abierto a comentarios".

"Si hay un comunicador principal demasiado fuerte", dice Furjanic, "el abandono puede ser significativo y las personas no siempre quieren venir a la iglesia o participar cuando saben que el comunicador principal no está enseñando. Experimentamos algo de esto, pero proyectamos visión constantemente sobre la importancia de escuchar a los demás y cómo esto desarrolla la madurez".

EL GRAN RETO:

Reúna a su equipo para discutir un próximo mensaje. Enfoque la discusión en las siguientes indicaciones: ¿Hay un pasaje central que proporcione el punto principal del mensaje? ¿Qué se puede eliminar para que el mensaje sea más efectivo? ¿Qué aún necesita más trabajo?

CAPÍTULO 7

UN SECRETO PASADO POR ALTO

Nuestro principal deseo es alguien que nos inspire a ser lo que sabemos que podríamos ser.

—Ralph Waldo Emerson

Mi mayor temor en la vida es que nadie se acuerde de mí después de que esté muerto.

—Alguien muerto

Creo que todos tienen potencial para convertirse en un comunicador y predicador de clase mundial.
—Dave Snyder, *Las leyes de la comunicación para la predicación.*

Mi esposa, Lori, se acercó al automóvil con nuestro nieto de cinco años. "Jonás", preguntó, "¿cuánto crees que te amo?" Jonás respondió de inmediato y con total naturalidad: "Más de cien".

Todos quieren ser amados, "Más de cien".

Tal vez eres como Lori. Tal vez tienes talento para hacer que las personas se sientan amadas por más de cien. La expansión de la iglesia primitiva se encendió en gran medida por el don y el ambiente de aliento, encarnado por Bernabé.

"José, un levita de Chipre, a quien los apóstoles llamaron Bernabé (que significa Hijo de la Profecía),

vendió un campo de su propiedad y trajo el dinero y lo puso a los pies de los apóstoles".
Hechos 4:36-37 (NVI)

El apodo de Bernabé resaltó su actitud alentadora. Su generosidad y espíritu inspirador ayudaron a lanzar la iglesia y cambiar el mundo.

Pero tal vez no seas especialmente talentoso para alentar a las personas.

Parece razonablemente obvio que el apóstol Pablo no tenía un don de aliento. Tenía un don apostólico, un don de predicación, un don para comenzar las cosas. Pero él no parece ser un animador natural.

Solo una vez antes del capítulo 15 de Hechos, vemos a Pablo alentando a alguien. Y eso fue cuando estaba con Bernabé:

> Después de predicar las Buenas Nuevas en Derbe y hacer muchos discípulos, Pablo y Bernabé regresaron a Listra, Iconio y Antioquía de Pisidia, donde fortalecieron a los creyentes. Los animaron a continuar en la fe, recordándoles que debemos sufrir muchas dificultades para entrar en el Reino de Dios.
> Hechos 14:21-22 (NTV)

El gran desacuerdo al final del capítulo 15 parece haber tenido algo que ver con el tema del estímulo. Bernabé quería patrocinar a Juan Marcos, Pablo no tanto.

> Después de un tiempo, Pablo le dijo a Bernabé: "Volvamos y visitemos cada ciudad donde previamente predicamos la palabra del Señor, para ver cómo están los nuevos creyentes". Bernabé estuvo de acuerdo y quiso llevar a John Mark. Pero Pablo no estuvo de acuerdo, ya que Juan Marcos los había abandonado en Panfilia y no había continuado con ellos en su trabajo. Su desacuerdo fue tan agudo que se separaron.
>
> Hechos 15:36-39 (NTV)

Pablo no era el Sr. Aliento como Bernabé. Paul era el Sr. Hagamoslo, Sr. Hablo-En-Publico e incluso Sr. Comienzo-Una-Revuelta. Pero sí vemos un ligero cambio en el ministerio de Pablo después de ese encuentro. Parece que Pablo agrega animar a otros a su cinturón de herramientas para el ministerio:

> Cuando Pablo y Silas salieron de la prisión, regresaron a la casa de Lydia. Allí se encontraron con los creyentes y los alentaron una vez más. Luego se fueron de la ciudad.
>
> Hechos 16:40 (NTV)

> Cuando terminó el alboroto, Pablo envió por los creyentes y los alentó. Luego se despidió y se fue a Macedonia. Mientras estuvo allí, alentó a los creyentes en todas las ciudades por las que pasó.
>
> Hechos 20:1-2 (NTV)

¡Cuidado! Recuerda los tres años que estuve contigo: mi constante vigilancia y cuidado por ti noche y día, y mis muchas lágrimas por ti.
Hechos 20:31 (NTV)

Justo cuando amanecía, Pablo instó a todos a comer. "Has estado tan preocupado que no has tocado la comida en dos semanas", dijo. "Por favor come algo ahora por tu propio bien. Porque ni un pelo de tu cabeza perecerá … Entonces todos se animaron y comenzaron a comer".
Hechos 27:33-34 & 36 (NTV)

Si tienes el don de aliento, probablemente no necesites una lección o incluso aliento para alentar a los demás. Es parte de lo que eres, y será una parte natural de cualquier equipo docente que lideres o te unas.

Si tienes el gen de estímulo, entonces desarrollar un equipo de enseñanza es perfecto para ti. Serás natural en eso. Te encantará ver, como solía decir Bob Buford, "Tu fruta crece en los árboles de otras personas". Tomarás el desafío "ICNU" de Dave Ferguson (I See in You) para señalar el gran potencial que puedes ver fácilmente en los demás. Podrá hacer prosperar un concepto de equipo.

Pero si eres más como Pablo que Bernabé, si no tienes la habilidad de alentar a los demás, no te desanimes. Todavía puede ser eficaz fomentando un equipo de predicadores.

Mi esposa me dice regularmente que una gran clave para la efectividad de nuestros equipos de predicación es mi aliento y confianza en los predicadores. Ella dice que esta es la pieza que se pasa por alto del por qué hemos sido fructíferos.

Es extraño que ella dijera algo así porque me cuesta alentar. Estoy naturalmente callado. No me gusta "bombear la luz del sol" y desconfío de los halagos, así que soy cuidadoso con los cumplidos. Levantar intencionalmente a otras personas no es algo natural para mí.

Pero esa deficiencia puede convertirse en una ventaja.

¿Has oído hablar de CPD? Esto significa "Cara de P----- Descansando". El término proviene de una película de 2013 que nunca vi, y Wikipedia lo describe como: "Una expresión facial que aparece involuntariamente como si una persona estuviera enojada, molesta, irritada o despectiva, particularmente cuando el individuo está relajado, descansando o no se expresa cualquier emoción". Otras frases más neutrales al género pueden ser "Cara de reposo hostil" o "Cara de asesinato en reposo".

Puedo tener o no tener "Cara de P----- Descansando", pero debo admitir que estoy bastante seguro de que exhibo "Cara de, no creo que le agrade a este tipo".

No puedo decirte cuántas veces en mi vida la gente me ha preguntado si estaba enojado, triste, enojado o molesto cuando en realidad no tenía emociones. He tratado débilmente de mitigar este problema, pero es aún más molesto cuando la gente dice: "Detente con la sonrisa falsa" o "¿Qué pasa con esa estúpida mirada en tu cara?"

Abraham Lincoln bromeó: "Todo hombre mayor de cuarenta años es responsable de su rostro". Solo puedo sentir consuelo porque no me veo tan triste como Abe.

Pero CPD en realidad puede ser algo positivo. No tener el don de aliento puede ser una ventaja. Aquí lo aclaro un poco mas: cuando digo algo alentador, ¡la gente sabe que lo digo en serio!

Nuestro equipo de predicadores, o al menos la mayoría de ellos, sabe que me preocupo por ellos porque saben que no soy alguien bueno para dar cumplidos vacíos. ¡Creo en las personas de nuestros equipos!

Pienso en el chico que llegó a casa después de la práctica de ligas menores con una gran sonrisa en su rostro. "¿Cómo fue la práctica?" Preguntó su madre. "Me ponché cada vez", dijo, "pero fue una gran práctica". "¿Porqué es eso?" preguntó su madre. "Porque", explicó, "¡el entrenador dice que soy el mejor de los peores tres!"

Las diez cosas menos inspiradoras para que un entrenador diga en el medio tiempo

10. "Si no te importa, me iré temprano para vencer el tráfico".
9. "Pueden tener el talento, el tamaño y el atletismo, pero nosotros tenemos los bonitos cascos".
8. "¿Quién está ganando?"
7. "Suficiente estrategia. Permítanme contarles sobre mis productos Amway".
6. "¿Alguien ha visto mi copia de "Fútbol para tontos?"
5. "La mejor ofensiva es... no *nuestra* ofensiva".
4. "¡Digo, amigos! ¡Impulse vigorosamente ese esferoide en la dirección de la meta de los otros jugadores!"
3. "No termina hasta, ah, ¿a quién estoy bromeando? Se acabó".
2. "Ahora sal y descansa en tus laureles".
1. "¿Qué quieres decir con que hay dos cuartos más?"

Un elemento que se pasa por alto para los equipos de predicadores es un espíritu de aliento alimentado por el líder del equipo.

¿Cómo llegamos allí? ¿Cómo podemos alentar el aliento? Vemos algunas pistas en la vida del apóstol Pablo.

Armarse de valor

> Esa noche, el Señor se le apareció a Pablo y le dijo: "Anímate, Pablo. Del mismo modo que me ha sido testigo aquí en Jerusalén, también debe predicar las Buenas Nuevas en Roma".
>
> Hechos 23:11 (NTV)

Cuando Pablo estaba en medio de aguas tormentosas, pasó tiempo con Dios y recibió un gran aliento de su padre celestial.

Vayamos con Dios. Tal vez se nos aparezca y nos diga que nos animemos. O tal vez veremos en sus palabras que siempre aparece, el final de la historia es … Dios gana, si nosotros estamos de su lado, nosotros también ganamos. Hay mucho por lo que alentarse.

Juntarse con animadores

Quizás Dios nos animará a través de otras personas. Intencionalmente pasa más tiempo con los Bernabé o los Silas en tu vida.

Pablo tenía una clara ventaja de hacer que Bernabé lo tomara bajo su protección. Esa positividad ayudó a impulsar a Pablo a la grandeza.

Un joven, contratado por un supermercado, se reportó para su primer día de trabajo. El gerente lo saludó con un cálido apretón de manos y una sonrisa, le dio una escoba y le dijo: "Tu primer trabajo será barrer la tienda". "Pero soy un graduado de la universidad", respondió el joven indignado. "Oh lo siento. No lo sabía ", dijo el gerente. "Aquí, dame la escoba, te mostraré cómo".

Cuando Pablo y Bernabé se separaron, Pablo inmediatamente eligió a Silas. Sospecho que Silas era alguien que poseía un regalo de aliento. Cuando vemos a Silas en acción, lo vemos alentando a otros.

> Entonces Judas y Silas, ambos siendo profetas, hablaron extensamente a los creyentes, alentando y fortaleciendo su fe.
> Hechos 15:32 (NTV)

> Alrededor de la medianoche, Pablo y Silas estaban rezando y cantando himnos a Dios, y los otros prisioneros escuchaban.
> Hechos 16:25 (NTV)

Cantar canciones en prisión suena como algo que haría alguien con un don de aliento. Yo culpo a Silas.

Si pasamos tiempo con los animadores, nos alentaremos y aprenderemos a alentarlos. He aprendido muchísimo al ver a mi esposa inspirar y nutrir a otros. He crecido para ser mas alentador al ver a mis buenos amigos Brian Burman y Paul Mints y Mike Pate y Willie Nolte y muchos otros empujar a las personas hacia el crecimiento.

Simplemente hazlo.

Pablo recibió el aliento de Dios y de otros, y luego salió y lo hizo:

> ¡Pero ten valor! Ninguno de ustedes perderá sus vidas, a pesar de que el barco se hundirá.
>
> Hechos 27:22 (NTV)

> ¡Así que ten animo! Porque yo le creo a Dios. Será tal como él dijo.
>
> Hechos 27:25 (NTV)

Johann Wolfgang von Goethe escribió: "Saber no es suficiente; Debemos aplicar. La voluntad no es suficiente; debemos hacer".

Dave Snyder, en *The Laws of Communication for Preaching (Las leyes de comunicacion para predicar)*, cuenta esta historia:

> Cuando se introdujo el juego de golf en los Estados Unidos, se pidió a un escocés que se manifestara ante el presidente Ulysses Grant. El hombre le mostró al presidente la camiseta y la clavó en el suelo. Le mostró la pelota y la colocó cuidadosamente en el tee. Entonces el hombre sacó su palo y se dirigió a la pelota. Dio un poderoso golpe y lanzó tierra sobre la barba del presidente. Allí estaba la pelota, todavía en el tee. El hombre volvió a balancearse y falló. Después de seis intentos, el presidente dijo: "Parece que hay una buena

cantidad de ejercicio en este juego, pero no veo el propósito de la pelota".[22]

No tengas miedo de balancearte y fallar algunas veces. No tengas miedo de ensuciarte. Sigue creyendo en tu equipo. Sigue siendo alentador.

¿Cómo se ve un equipo de predicación? Parece un ambiente de aliento.

MINI-CASO DE ESTUDIO:
AMAZING GRACE CHRISTIAN CHURCH
INDIANAPOLIS, INDIANA

El pastor principal Preston Adams explica: "No puedo ni debo ser el único en la predicación y enseñanza de la iglesia. La enseñanza en equipo da espacio para crecer en los demás. También me ayuda a prevenir el agotamiento y me permite tomarme un tiempo para descansar o participar en actividades de predicación al aire libre.

El enfoque de mi equipo implica el desarrollo intencional de liderazgo basado en evaluaciones de dones espirituales y pasiones individuales. Para aquellos llamados al ministerio de predicación y / o enseñanza, he desarrollado un plan de estudios que incluye cómo preparar, investigar y escribir sermones. También paso tiempo enseñando y practicando protocolos apropiados de expresión oral, en

---

[22] Dave Snyder, *The Laws of Communication for Preaching* (BubbaBooks Publishing, 2018), Kindle Edition.

la iglesia de uno y en las iglesias donde uno podría ser invitado a predicar o enseñar.

Amazing Grace tiene actualmente ocho predicadores capaces. Preston hace la mayor parte de la enseñanza, mientras que los demás hablan una o dos veces al año.

Adams evalúa los dones, la pasión y el compromiso con Cristo y con la iglesia para cada uno de los oradores. Él observa cómo sirven a las personas y a la comunidad. "Me alejo de las personas que solo quieren ser el centro de atención o la notoriedad que conlleva ser el "orador de la hora". Soy bastante bueno para evaluar las intenciones".

El plan de estudios de Adam desarrolla y nutre a predicadores y maestros. Desafía a los estudiantes a escribir sermones y lecciones bíblicas incluso cuando no tienen tareas de predicación. La iglesia emplea días especiales en el calendario de la iglesia (Semana Santa, Jueves Santo, Pascua, etc.) como momentos de entrenamiento también.

Preston describe una desventaja de su enfoque: "Volumen de negocios versus compromiso a largo plazo. He entrenado a varias personas que no han permanecido en nuestro ministerio. Si bien no considero que esto sea una pérdida de tiempo, hubiera sido bueno tener todavía algunos de los mejores maestros".

EL GRAN RETO:

Establezca una meta personal para alentar intencionalmente a cada miembro de su equipo de predicadores este mes. Puede ser formal (es decir, notas escritas) o informal (es decir, un comentario pasajero), lo que mejor se adapte a su estilo. Asegúrese de incluir detalles específicos sobre lo que aprecia de ellos.

SECCIÓN TRES

¿QUIEN?

CAPÍTULO 8

ENCONTRANDO BUENOS JUGADORES

Dame un centenar de predicadores que no temen más que al pecado y no deseen nada más que a Dios, y no me importa nada si son clérigos o laicos; tales solos sacudirán las puertas del infierno y establecerán el reino de los cielos en la tierra.

—John Wesley

No encuentras líderes. Desarrollas líderes.

—Craig Groeschel

No hay nada noble en ser superior a tu prójimo; la verdadera nobleza es ser superior a tu antiguo yo.

—Ernest Hemingway

El 16 de abril de 2000, los Patriotas de Nueva Inglaterra reclutaron a Tom Brady como mariscal extra de la Universidad de Michigan. Era la sexta ronda y Brady se convirtió en la selección número 199 del draft. Era el cuarto al comienzo de su temporada de novato. En su segunda temporada, él era la segunda cadena, luego Drew Bledsoe se lastimó y Brady fue titular. Nueva Inglaterra ganó el Súper Bowl ese año. Brady fue nombrado MVP. En términos de retorno de la inversión, es probablemente la mejor selección de draft en la historia del fútbol: cinco anillos de Súper Bowl, tres MVP de Súper Bowl y más títulos de división que cualquier mariscal de campo en la historia. Ni siquiera ha terminado de pagar dividendos. Brady aún puede tener más temporadas.

Todos los otros equipos de la NFL se estaban pateando a sí mismos porque perdieron la oportunidad de elegir a Tom Brady, y todos hicieron un examen de conciencia de lo que sucedió. Uno pensaría que la oficina principal de los Patriotas estaría extasiada con cómo resultó, y así fue.

También estaban decepcionados, profundamente, en sí mismos. Las sorprendentes habilidades de Brady significaron que los informes de exploración de los Patriotas estaban muy lejos. A pesar de todas sus evaluaciones de los jugadores, de alguna manera se perdieron o calcularon mal todos sus atributos intangibles. Dejarían que esta gema esperara hasta la sexta ronda. Alguien más podría haberlo reclutado. Además de eso, ni siquiera sabían que tenían razón sobre Brady hasta que las lesiones noquearon a Bledsoe, su preciado abridor, y los obligaron a darse cuenta de su potencial. Entonces, a pesar de que su apuesta valió la pena, los Patriotas pasaron una gran cantidad de tiempo investigando lo que podría haber evitado que la naturaleza de la selección ocurriera en primer lugar. No es que fueran quisquillosos o se entregaran al perfeccionismo. Querían elevar sus estándares de evaluación del talento.

Durante años, Scott Pioli, director de personal de los Patriotas, mantuvo una foto en su escritorio de Dave Stachelski, un jugador que el equipo había reclutado en la quinta ronda, pero que nunca logró pasar por el campo de entrenamiento. Pioli dice: "Fue un recordatorio: no tienes todo resuelto. Mantente enfocado. Hazlo mejor".

¿Cómo podemos hacer un mejor trabajo para encontrar buenos jugadores? ¿Cómo encontramos líderes o más predicadores y maestros?

Dirijo un par de redes internacionales de plantación de iglesias, y últimamente hemos visto un fuerte aumento en la cantidad de iglesias que hemos comenzado. La pregunta número uno que recibo de otros ejecutivos del ministerio es: "¿Dónde encuentras a tus líderes?" Quieren saber cómo hemos tenido éxito con el "reclutamiento" y dónde encontramos personas para iniciar iglesias.

Hay preguntas similares que surgen cuando mencionamos nuestro enfoque de equipo de predicadores. "Genial, pero ¿dónde encuentras a tus compañeros de equipo?"

Jesús lo puso de esta manera:

> Luego dijo a sus discípulos: "La cosecha es abundante, pero los trabajadores son pocos".
>
> Mateo 9:37 (NVI)

Jesús admitió que encontrar compañeros de equipo es difícil. Los trabajadores son pocos.

Hace una década, cuando surgía el movimiento de múltiples sitios de la iglesia, muchos de nosotros pensamos que encontrar un pastor de campus sería mucho más fácil que encontrar pastores líderes. Sospecho que muchos anticiparon un exceso potencial de líderes que compiten por ser pastores de campus. Resulta que encontrar pastores en el campus no es más fácil que encontrar pastores principales, plantadores de iglesias, líderes de adoración sólidos, ministros de niños y miembros del equipo de enseñanza.

Los trabajadores son pocos. Pero no están extintos. Los trabajadores pueden ser encontrados, desarrollados y desplegados. Podemos esperar que encontrar líderes sea difícil, pero también podemos esperar encontrar líderes, maestros y predicadores de todos modos.

¿Dónde los encontramos?

Veamos algunas de las ideas en el Libro de los Hechos de la Biblia, comenzando al inicio de la narración:

1. Libera a los apóstoles para encontrar líderes

> Entonces los apóstoles regresaron a Jerusalén …
> Hechos 1:12 (NVI)

La historia de Hechos es una historia de desarrollo de liderazgo. Es una historia de encontrar maestros y líderes. Si no tenemos cuidado, podríamos pasar por alto la implicación de que los tipos apostólicos fueron los que detectaron la mayor parte del liderazgo.

Durante años, he tenido una teoría de que los tipos apostólicos son naturales, o en realidad, sobrenaturales, al reunir líderes. Las personas con un don apostólico tienden a tener una inclinación distintiva hacia la búsqueda de líderes.

La palabra apóstol se usa con mayor frecuencia para referirse a los doce originales que siguieron a Jesús. Esos serían los "Apóstoles con A Mayúscula". La palabra griega significa "alguien que es enviado". Denota el pionero defensor de cualquier causa nueva. Una traducción latina cercana es "misión", de la cual obtenemos el término misionero. Hay líderes hoy a quienes consideraríamos "pequeños apóstoles".

Alan Hirsch y Jeff Weber lo definen de esta manera: "Los apóstoles extienden el evangelio. Como los "enviados", se aseguran de que la fe se transmita de un contexto a otro y de una generación a la siguiente. Siempre están pensando en el futuro, superando barreras, estableciendo la iglesia en nuevos contextos, desarrollando líderes, estableciendo contactos translocalmente".

Estos tipos apostólicos parecen ser especialmente talentosos para descubrir constantemente líderes potenciales. Tal vez sea porque los apóstoles saben que no estarán cerca por mucho tiempo, por lo que siempre están buscando a alguien que pueda querer o justificar una transferencia.

Cuando sospecho que alguien tiene ese pequeño don de apóstol "a", generalmente veo líderes potenciales a su alrededor. Si le preguntas a un apóstol, "¿Dónde encuentras líderes?" pueden dudar en responder porque descubrir líderes es una tarea fácil para ellos, simplemente son quienes son.

2. Mira quién ha estado al rededor

> Por lo tanto, es necesario elegir uno de los hombres que han estado con nosotros todo el tiempo que el Señor Jesús estuvo viviendo entre nosotros …
> Hechos 1:21 (NVI)

Los primeros líderes de la iglesia no colocaron inmediatamente un anuncio en churchstaffing.com ni se comunicaron con ZipRecruiter. No contrataron a una agencia externa para entregar un camión lleno de currículums a la iglesia. Lo primero que hicieron fue mirar inmediatamente a su grupo.

Más tarde, hicieron un movimiento similar:

> Entonces los apóstoles y los ancianos, con toda la iglesia, decidieron elegir a algunos de sus propios hombres y enviarlos a Antioquía con Pablo y Bernabé. Eligieron a Judas (llamado Barsabbas) y Silas, hombres que eran líderes entre los creyentes.
> Hechos 15:22 (NVI)

Cuando dirigía las evaluaciones de plantadores de iglesias en el Centro de Conferencias de Green Lake en Green Lake, Wisconsin, Marlan Mincks conducía a nuestros eventos desde su casa en Iowa para formar parte del equipo de evaluación. Marlan era un nuevo plantador de iglesias en ese momento. Admitió que servir como asesor era el mejor entrenamiento que podía recibir, por lo que acudió a casi todos los centros de evaluación que ofrecíamos.

Marlan a menudo bromeaba diciendo que cuando llegó a nuestra evaluación buscando ser el tipo principal, mi primera pregunta fue: "¿Alguna vez has pensado en convertirte en el número dos?" No recuerdo esa interacción, pero sí recuerdo que Marlan era una persona tranquila, introvertida que parecía estar asimilando todo.

Cuando dejé ese grupo de plantación de iglesias había una persona que recomendé que me reemplazara como líder: Marlan Mincks. Y ha demostrado ser un excelente líder. A menudo, los que son los mejores líderes están justo en frente de nosotros.

Hace años, nuestra iglesia hizo una búsqueda en todo el país de un nuevo pastor de jóvenes. Trajimos a personas de todo el país solo para estar extremadamente decepcionados con los currículums, entrevistas y resultados que vimos y experimentamos. Finalmente, uno de los líderes de nuestra iglesia preguntó: "¿Por qué estamos realizando una búsqueda a nivel nacional cuando ya tenemos el mejor candidato aquí en nuestra iglesia?" Se refería a mi hijo, Tim.

Admito que probablemente estaba sobre compensando en un esfuerzo por evitar el nepotismo. Nuestro equipo de liderazgo probablemente sufría al menos un poco del "síndrome del profeta sin honor".

> Jesús les dijo: "Un profeta es honrado en todas partes, excepto en su propia ciudad natal y entre sus familiares y su propia familia".
> Marcos 6:4 (NTV)

Tim había estado con la iglesia desde el principio. Sirvió en el equipo antes de que hubiera incluso un equipo. Estaba justo en frente de nosotros, y casi lo pasamos por alto. No solo sirvió admirablemente como pastor de jóvenes en esa iglesia, ahora es el pastor principal.

A menudo, la mejor persona para ese asiento especial en el autobús ya está en el autobús.

Nuestros equipos de enseñanza en la Iglesia Journey en Elk Grove, California, están formados por personas que han sido parte de la iglesia. No hemos sentido la necesidad de salir de la iglesia porque descubrimos que más de una docena de personas dentro de la iglesia tienen potencial de enseñanza y predicación.

3. Pida sugerencias a todo el grupo

> Entonces los Doce reunieron a todos los discípulos y dijeron: "… Hermanos y hermanas, elijan a siete hombres de entre ustedes que sean conocidos por estar llenos del Espíritu y la sabiduría".
> Hechos 6:2-3 (NVI)

Algunos capítulos del Libro de los Hechos, la iglesia enfrentó una necesidad crítica de más líderes. Entonces pidieron a todos los miembros de la comunidad que dieran su opinión.

Tiene mérito pedirles a todos que sean un observador y pedir nominaciones.

Una clave para encontrar buenos líderes es correr la voz de que estamos buscando más líderes. Esto significa desarrollar una mentalidad de multiplicación continua.

Cuando adoptamos un enfoque de equipo de predicadores, las personas asumieron que siempre estábamos buscando maestros y, a menudo, no solicitados, obtuvimos muchas pistas.

4. Permitir que los animadores encuentren líderes

> Pero Bernabé lo tomó y lo llevó a los apóstoles.
> Hechos 9:27 (NVI)

> La noticia de esto llegó a la iglesia en Jerusalén, y enviaron a Bernabé a Antioquía.
>
> Hechos 11:22 (NVI)

> Bernabé fue a Tarso a buscar a Saúl, y cuando lo encontró, lo trajo a Antioquía.
>
> Hechos 11:25 (NVI)

He tenido una teoría durante muchos años que los animadores, así como los apóstoles, localizan líderes con bastante facilidad. Los animadores tienden a ver el potencial en las personas.

Le pregunté a Ralph Moore una vez si tenía el don de aliento. Pareció sorprendido. "Nunca faltan líderes a tu alrededor. Apuesto a que ves un componente de liderazgo en todos", comenté. Ralph explicó por qué estaba sorprendido: "Nunca supe cuál era mi don espiritual principal, pero recientemente una mujer en nuestra iglesia me dijo que es tan obvio. "¡Eres un animador!", Afirmó. Tal vez lo soy", admitió.

¡Los animadores animan a todos! Instintivamente saben cómo encontrar maestros y líderes.

5. Escucha al Espíritu Santo

> El Espíritu Santo dijo …
>
> Hechos 13:2 (NVI)

El Espíritu Santo realmente habló a la iglesia sobre los líderes. A muchos de nosotros nos encantaría que eso nos suceda. Tal vez sí, pero no estábamos escuchando.

En Hechos 15, los apóstoles y los ancianos mencionan esto en una carta:

> Porque parecía bueno para el Espíritu Santo y para nosotros …
>
> Hechos 15:8 (NTV)

El Espíritu Santo habla.

Mientras trabajaba en esto, un pensamiento surgió en mi mente acerca de una pareja en nuestra iglesia que podría convertirse en plantadores de iglesias algún día. ¿De dónde vino ese pensamiento? Tal vez vino del Espíritu Santo.

Dan Southerland dice que muchos de nosotros somos buenos para agradecer, adorar e incluso pedirle a Dios, pero cuántos de nosotros hacemos una pausa para escuchar lo que Dios está diciendo.

El relato de Lucas de una de las declaraciones de Jesús es así:

> Él les dijo: "La cosecha es abundante, pero los trabajadores son pocos. Pídanle al Señor de la cosecha, por lo tanto, que envíe trabajadores a su campo de cosecha".
>
> Luke 10:2 (NVI)

La oración es el consejo principal de Jesús para encontrar líderes, y sospecho que los predicadores también.

> Entonces todos oraron: "Oh Señor, conoces cada corazón. Muéstranos cuál de estos hombres has elegido …
>
> Hechos 1:24 (NTV)

En un examen, un profesor quería que los estudiantes firmaran un formulario indicando que no habían recibido ninguna ayuda externa. Inseguro de si debiese firmar el formulario, un estudiante declaró que había orado por la ayuda de Dios. El profesor estudió cuidadosamente el guion de respuesta y luego dijo: "Puede firmarlo con la conciencia tranquila. Dios no te ayudó.

Pero sí nos ayuda a encontrar miembros del equipo.

Vamos a rezarlos. En realidad, no comencé a ver a posibles maestros aparecer hasta que comencé a orar por ellos.

> Todos se unieron constantemente en oración.
> Hechos 1:14 (NVI)

El ayuno mientras rezamos parece ser parte de la estrategia también.

> Pablo y Bernabé eligieron algunos líderes para cada una de las iglesias. Luego se fueron sin comer y oraron para que el Señor cuidara bien a estos líderes.
> Hechos 14:23 (CEV)

6. Mire a los líderes de la denominación y la red

La iglesia primitiva encontró a algunos de sus líderes y oradores en una reunión de líderes de la red en Jerusalén.

> Luego, los apóstoles y los ancianos junto con toda la iglesia en Jerusalén eligieron delegados, y los enviaron a Antioquía de Siria con Pablo y Bernabé

> para informar sobre esta decisión. Los hombres elegidos fueron dos de los líderes de la iglesia: Judas (también llamado Barsabbas) y Silas.
>
> Hechos 15:22 (NTV)

Una de las razones por las que dudé, durante años, de pasar al ministerio de segundo nivel a tiempo completo es una tendencia inquietante que observé entre las líderes denominaciones. Una de las partes más duras del trabajo denominaciones parece ser encontrar una iglesia local adecuada para llamar hogar. Con los años, he visto a los trabajadores denominaciones luchar con esto. Pero más que eso, sus cónyuges e hijos lucharon aún más.

Los trabajadores denominaciones sienten la necesidad de estar en una iglesia diferente cada fin de semana para servir a sus electores, pero esto deja a su familia varada. Claro, algunos saltan directamente a una iglesia y se involucran. Pero he visto a muchos otros desconectarse, abandonar e incluso cuestionar su fe.

No quería que eso me pasara a mí ni a mi familia. Mi esposa no necesitaba abandonar la iglesia que comenzamos, y yo tampoco, cuando salí del pastorado.

Un amigo me dijo recientemente: "Bueno, permanecer involucrado en una iglesia fue fácil para ti. Tu hijo es el pastor. Quería decir: "Sí, fácil, solo me llevó dos décadas criarlo, y otra década para que fuera entrenado en el ministerio. Mientras tanto, hice una búsqueda exhaustiva durante años trabajando para entregar la iglesia que planté, así que sí, claro, fue fácil". Eso es lo que quería decir. En cambio, no dije nada, solo sonreí.

La mayoría de los líderes denominacionales tienen algún tipo de talento para hablar, y muchos son muy buenos en eso. ¿Por qué no esperamos que estén en nuestros equipos de predicadores?

7. Encuentra personas con las que quieras pasar tiempo

> Pablo vino a … Listra, donde vivía un discípulo llamado Timoteo … Los creyentes en Listra e Iconio hablaron bien de él. Paul quería llevarlo en el viaje, así que lo circuncidó …
>
> Hechos 16:1-3 (NVI)

Aquí hay un enfoque para encontrar líderes y oradores: busque a alguien que le guste, alguien con quien disfrute, ¡y luego circuncidarlo! En realidad, ignora esa última parte. Pero busca personas agradables.

Peter Coughter alienta esta mentalidad en su libro, *The Art of the Pitch: Persuasion and Presentation Skills that Win Business*:

> En excelentes presentaciones, los equipos se presentan como si realmente se quisieran. Incluso si no lo hace, encuentre una manera de parecer al menos como lo hace. Los clientes pueden olerlo a una milla de distancia si no se llevan bien, y lo despedirán de inmediato si lo sienten.[23]

---

23 Coughter, *Art of the Pitch*

MINI-CASO DE ESTUDIO:
IGLESIA DE COLD SPRINGS, PLACERVILLE, CALIFORNIA

El pastor David Cooke quiere equipar a las personas para que expresen y usen su talento de la mejor manera posible. Cuando se le pregunta por qué emplea un enfoque de equipo para la enseñanza, Cooke dice: "Principalmente es abrazar más plenamente el sacerdocio de todos los creyentes: Dios ha llamado a todos a servir, no solo a los líderes vocacionales. Además, es importante y valioso escuchar diferentes "voces" para ayudarnos a ver las cosas desde diferentes perspectivas, ya sea generacional, de género, etc. ¡No es saludable que alguien enseñe cincuenta y dos veces al año! Tenemos tres servicios por semana y es un verdadero costo predicar tanto. Descansar crea una mayor creatividad, energía y pasión cuando estás predicando / enseñando. La predicación / enseñanza es algo en lo que solo se puede mejorar al hacerlo realmente. La única forma en que podemos tener más y mejores maestros es dándoles oportunidades reales para enseñar".

Cold Springs tiene siete oradores activos en este momento. Otros cuatro están en la preparación. Cooke les da a los maestros la oportunidad de practicar su don "en vivo", principalmente en los contextos fuera del culto del domingo por la mañana, como retiros, desayunos de hombres y mujeres, reuniones de jóvenes y eventos de equipamiento.

Con un ministerio próspero de jóvenes, hombres y mujeres, el equipo de enseñanza de la iglesia se basa en las necesidades y cumple el valor de desarrollo de liderazgo de la visión de la iglesia.

David cita estas ventajas de un enfoque de equipo:

1. Es ser obediente a las Escrituras para desarrollar y equipar a otros.
2. Es buena mayordomía.
3. Crea un ritmo de ministerio más saludable para el maestro de primaria, por lo que hay temporadas de descanso.
4. Crea menos dependencia de una persona y ayuda a protegerse contra el culto a la personalidad.
5. Da la oportunidad de que se escuchen y compartan nuevas voces.
6. Crea una humildad adecuada para el maestro de primaria que, sí, la iglesia puede existir sin que su voz esté al frente y al centro todo el tiempo.

También ve estos inconvenientes de un equipo docente:

1. La calidad y el nivel de habilidad pueden variar mucho.
2. Las personas pueden querer que "el profesional" lo haga para que se inquieten.
3. Tienes que renunciar al control como líder. (Creo que esto es realmente una ventaja, pero otros pueden no verlo de esa manera).
4. ¡Puede que les guste alguien mejor que tú! (¡Y luego los has echado de la iglesia para que puedas mantener tu poder y control!)

5. Investigaciones recientes de Gallup muestran que la calidad de la predicación sigue siendo extremadamente importante, si no lo más importante, para los adultos que asisten a la iglesia. Esto también lo he encontrado con los jóvenes mayores, en lo que respecta al nivel de comunicación de los líderes juveniles. (Casi) todos son malos cuando comienzan.

EL GRAN RETO:

¡Es la hora! Recopile una lista de personas que invitará a desarrollar en su equipo docente. Considera a aquellos con quienes disfrutas pasar el rato. Consulte con el Espíritu Santo, su equipo de liderazgo y otros asesores de confianza para los posibles miembros del equipo. La lista no necesita ser exhaustiva ni perfeccionada todavía. ¡Solo consigue algunos nombres y comienza a invitar!

CAPÍTULO 9

LA BANCA

Aunque Steve Young había sido la estrella de su equipo de fútbol de la escuela secundaria y había sido reclutado en gran medida por universidades de todo el país, ingresó a la Universidad Brigham Young como su mariscal de campo de octava cuerda. Como otros siete mariscales de campo se interponían entre Steve y el tiempo de juego, su entrenador lo relegó al "escuadrón de hamburguesas", una unidad compuesta por los jugadores menos valiosos cuyo papel principal era ejecutar jugadas para que la línea defensiva de BYU pudiera practicar.

—Angela Duckworth, *Grit:*
The Power or Passion and Perseverance

Durante el primer domingo de febrero, hice lo que muchos, si no la mayoría, los estadounidenses hacen el primer domingo de febrero: vi el Súper Bowl. Este año, Nick Foles lanzo como mariscal de campo un juego casi perfecto y sus Philadelphia Eagles vencieron a los New England Patriotas. Sorprendentemente, solo varias semanas antes del gran juego, Nick Foles se encontró en el banquillo. Carson Wentz fue el mariscal de campo titular de los Eagles, pero se lesionó a mediados de diciembre y se consideró incapaz de jugar por el resto de la temporada. Así que Foles salió del banco y sorprendió a todos.

Quizás no debería haber sido una sorpresa. Después de todo, el mariscal de campo contrario de Foles, Tom Brady, comenzó su ilustre carrera en la NFL "El mejor de todos los tiempos" en el banquillo. No fue incluido en la alineación hasta que el QB titular, Drew Bledsoe, tuvo una lesión que terminó la temporada.

Sospecho que hay jugadores increíbles en el banco de todos, incluso en el de tu iglesia. En realidad, esto es más que una corazonada: predigo que hay jugadores increíblemente talentosos en el banco de su organización.

Hace solo unos días, me reuní con varias personas de nuestra iglesia para nuestro tiempo de capacitación de predicadores. Como es nuestra costumbre, habíamos programado dos personas cada una para dar una presentación de diez minutos. Uno de ellos se levantó y nos sorprendió con su habilidad. Era clara, tenía un accesorio que realmente funcionaba bien, hizo un gran punto, nos hizo repensar una historia bíblica familiar, se comprometió y terminó aun antes de diez minutos. Nuestro equipo se sentó en silencio; fue un discurso asombroso.

"¿Cuántas veces has dado esa charla antes?" Yo pregunté. Fue tan bueno que tuvo que ser algo en lo que ha trabajado durante años. "Esta es la primera vez", explicó. "Empecé a trabajar en ello hace unas semanas para esta reunión".

Estúpidamente, estaba aturdido. Estúpidamente, porque hay personas increíblemente talentosas en tu equipo y en el nuestro. Debería haberlo anticipado.

Los pastores pueden fácilmente convertirse en Jeff Fisher. Fisher fue entrenador de fútbol durante mucho tiempo en la NFL. Tiene el récord de más pérdidas como entrenador en jefe: 165 en la temporada regular. Tenía que ser lo suficientemente bueno como para quedarse tanto tiempo y perder tantos juegos. (¡En realidad ganó 173!) En las últimas dos temporadas de Fisher tuvo tres mariscales: Nick Foles – Fisher lo cortó, luego se convirtió en el Jugador Más Valioso del Súper Bowl; Caso Keenam: Fisher lo colocó en la banca, luego Keenam condujo a su nuevo equipo al juego del Campeonato NFC; y Jared Goff: Fisher obtuvo cero victorias de Goff, quien luego se convirtió en el jugador de mejor crecimiento de la NFL bajo un nuevo entrenador.

Si no tenemos cuidado, podemos extrañar por completo a los jugadores increíblemente talentosos en nuestros equipos, e incluso en nuestra banca.

Recientemente estuve con un grupo de líderes de plantación de iglesias para algunas reuniones en Houston, Texas. Los facilitadores trajeron a una mujer jubilada, una exlíder empresarial, para que nos hablara. Ella bajó del escenario y trabajó con la multitud como una comediante, política y oradora motivacional excepcional, todo en uno. Fue una muestra increíble de aliento y talento verbal. Después de su charla, hubo poco tiempo disponible para preguntas y respuestas. Una de las primeras preguntas fue: "Vaya, eres una gran comunicadora. ¿Predicas regularmente en tu iglesia? Esa pregunta pareció sacudir a esta mujer. Hizo una pausa, se inclinó y susurró: "Oh, no, mi pastor no sabe sobre mi capacidad de hablar. Nunca me tendría en el escenario de la iglesia. Mi papel es ser un saludo, una vez al mes".

Estúpidamente, estaba aturdido. Hay personas increíblemente talentosas en la banca de tu organización o iglesia.

Entonces Todd Wilson subió al escenario e hizo esta observación: "En cada iglesia hay personas con talento, y su pastor no tiene idea de qué hacer con ellos".

¿Alguna vez has notado cómo los discípulos de Jesús resolvieron problemas en el Libro de los Hechos de la Biblia? Por supuesto, siempre oraban. La oración era un hecho. Y a menudo pedían un milagro en sus oraciones.

Pero hay otra solución a la que normalmente recurrieron a continuación: La Banca. Muchos de los dilemas de las primeras iglesias se resolvieron con la banca.

Judas traicionó a Jesús y su equipo. ¿Qué haces con un problema como ese? Los Apóstoles fueron a la banca.

Las viudas no estaban recibiendo suficiente comida. ¿Qué haces con un problema como ese? Los apóstoles fueron a la banca. Escogieron hombres como Esteban y Felipe.

> Esteban, un hombre lleno de la gracia y el poder de Dios, realizó asombrosos milagros y signos entre la gente.
>
> Hechos 6:8 (NTV)

Stephen ni siquiera estaba en el equipo de liderazgo, estaba en el banquillo. El primer mártir en la Iglesia Cristiana salió de la banca.

Felipe abrió las puertas para que el cristianismo se extendiera en Samaria y Etiopía.

> Felipe, por ejemplo, fue a la ciudad de Samaria y le contó a la gente sobre el Mesías. Las multitudes escucharon atentamente a Felipe porque estaban ansiosos por escuchar su mensaje y ver las señales milagrosas que hizo. Muchos espíritus malignos fueron expulsados, gritando cuando dejaron a sus víctimas. Y muchos que habían quedado paralíticos o cojos fueron sanados. Entonces había gran alegría en esa ciudad.
>
> Hechos 8:5-8 (NTV)

En el capítulo 15 de Hechos, Pablo y Bernabé tienen un desacuerdo sobre la banca. La disputa se vuelve tan cargada que se separan. ¿Qué haces con un problema como ese? Pablo y Bernabé fueron a la banca.

> Bernabé llevó a Juan Marcos con él y navegó hacia Chipre. Pablo escogió a Silas, y cuando se fue, los creyentes lo confiaron al cuidado misericordioso del Señor. Luego viajó por Siria y Cilicia, fortaleciendo las iglesias allí.
>
> Hechos 15:40-41 (NTV)

Mark y Silas resultaron ser dos jugadores bastante buenos. Había personas increíblemente talentosas en el banquillo de la iglesia primitiva.

La iglesia primitiva resolvió problemas de traición, problemas de discordia y luchas relacionales con la banca. Sospecho que nosotros también podemos.

MINI-CASO DE ESTUDIO:
CALVARY LIGHTHOUSE UNITED, DAVIE, FLORIDA

El pastor principal Eric Gamero ha reclutado a otros cinco pastores que predican. Como comunicador principal, Gamero da dirección y visión para el calendario de enseñanza y predica alrededor del 75% de la enseñanza semanal. El comunicador principal normalmente arranca y cierra una serie.

Eric dice: "Cada uno de los seis comunicadores tiene personalidades, experiencias de vida y estilos de enseñanza diferentes. Al ser una iglesia multicultural y multigeneracional, el beneficio de tener un equipo de enseñanza permite que cada maestro obtenga comentarios constructivos y una perspectiva diferente sobre el mensaje que planean comunicar. Prácticamente, esto permite que el comunicador principal tenga un fin de semana libre cada mes para orar, planificar y prepararse para el futuro, al tiempo que permite a los otros maestros varias semanas para preparar y perfeccionar su mensaje".

El comunicador principal habla entre treinta y seis a cuarenta veces al año. Otro pastor habla de tres a cinco veces al año. Cada otro pastor habla una o dos veces al año, y permitimos dos o tres veces al año para un comunicador invitado.

Aquí está el enfoque de capacitación: "Para los maestros con menos experiencia, me aseguro de sentarme con ellos durante todo el proceso de concepto hasta completar la enseñanza. Les diré cómo enseñaría el texto, les daré mis ejemplos, pero luego les permitiré hacer el mensaje propio. Los resultados específicos suceden por diseño, no por deseo, por lo tanto, si quiero que un solo mensaje sea coherente con toda la serie, como comunicador principal, tengo que tomar la mano del maestro y dirigirlos. Para los maestros más experimentados, les doy los puntos principales que siento que necesitan ser comunicados y les permito construir a su alrededor. Después de que enseñan, personalmente ofrezco comentarios constructivos. Cuando enseño, permito que el equipo docente escuche mi mensaje en su totalidad la mayoría de los jueves antes de compartir y explicarles por qué dije las cosas de la manera que lo hice y qué espero lograr de la enseñanza".

Los beneficios de un equipo son los que la iglesia escucha de varios maestros, no uno. Esto crea una cultura que otorga mayor valor a la palabra de Dios que a los mensajeros de Dios. El comunicador principal obtiene el descanso necesario para evitar el agotamiento y la carga de deber tener siempre un mensaje preparado. Si un comunicador se enferma, siempre hay alguien más que puede saltar de inmediato. También establece la iglesia para el éxito futuro más allá de la influencia de un comunicador principal.

Una desventaja del enfoque de equipo es que a las personas les gusta la previsibilidad. Cuando su maestro favorito no está enseñando, puede llevar a la decepción. Algunas personas se sienten atraídas por una personalidad antes de sentirse atraídas por el ministerio de una iglesia.

> **EL GRAN RETO:**
>
> Crear una forma sistemática de involucrar y capacitar a nuevas personas. en su equipo de predicadores, incluso si es cierto que no actualmente esté listo para predicar un domingo. Considéralo un punto de entrada de menor riesgo que podría servir como reserva y fuente adicional de estímulo para el equipo docente.
>
> ¿Necesitas un entrenador que te ayude?
> Contacto *www.ExcelNetwork.org/Next-Steps*

CAPÍTULO 10

UNA PALABRA SOBRE LAS MUJERES

Si no quieres que las mujeres derriben las puertas, simplemente ábrelas.
—Hannah Anderson

Soy toda risa. Puedo tomar bromas y hacer bromas. Puedo ser muy divertida cuando lo tengo que ser y también sé cuándo me rechazan y me ridiculizan. Yo era el elefante en la habitación con una falda puesta.
—Beth Moore

Muchas mujeres han recibido poder por la gracia de Dios y han realizado muchos actos de valor varonil.
—Clement of Alexandria

Una vez se le hizo la pregunta al Dr. William Thomas: "¿Cómo manejas a las mujeres en la iglesia?" Thomas respondió: "En una palabra, ¡no lo hagas!"

Dudé en escribir sobre la predicación. Dudé aún más para mencionar el tema de las mujeres predicadoras.

¿Deberían las mujeres ser pastores? ¿Deberían las mujeres predicar en nuestras iglesias?

Solía tener todo esto resuelto. Recuerdo haber sabido todas las respuestas sobre este tema. Eso fue hace mucho tiempo. Ya no tengo muchas respuestas.

Trabajo con algunas denominaciones y redes que acogen a las mujeres como pastores principales, y trabajo con algunos grupos que no apoyan a las mujeres como pastores. ¡Ambos grupos típicamente tienen aproximadamente el mismo número de mujeres pastoras!

Una amiga que dirige una red de plantación de iglesias para su denominación me admitió que le resultaba increíblemente difícil dirigir una iglesia como mujer. "Los únicos trabajos que pude conseguir fueron los que ni siquiera los hombres menos calificados tomarían".

A otra predicadora, Anna Garlin Spencer, se le preguntó si enfrentaba algún obstáculo especial como mujer en el ministerio. "Sólo uno", respondió ella, "La falta de la esposa de un pastor".

Mi hija, Tricia, es una misionera en el extranjero, parte de una organización misionera donde las mujeres son mayoría, lo cual es cierto en casi todos los grupos misioneros. Se ha visto obligada a enseñar en muchos de los servicios dominicales a los que ha asistido. Ella preferiría no liderar. Ella prefiere no predicar. En realidad, es más fuerte que un no. Tricia dice que realmente no quiere predicar, pero alguien tiene que hacerlo. Todo este tema es turbio.

En la década de 1980 en Denver, Colorado, escuché a Elisabeth Elliot dar un asombroso sermón sobre por qué a las mujeres nunca se les debe permitir predicar. Salí de ese lugar perplejo y desconcertado.

Todavía estoy un poco desconcertado. Eso no es sorprendente, porque la Biblia podría ser más clara. He escuchado los argumentos de ambos lados, y no intentaré convencerte de una forma u otra.

Pablo escribió una carta discutiendo nuestros diferentes dones y roles. Entre dos capítulos sobre el tema se encuentra el gran capítulo sobre el amor. Pablo dice que si no tienes amor, no tienes nada. También dice: "Ahora vemos las cosas de manera imperfecta, como reflejos desconcertantes en un espejo, pero luego veremos todo con perfecta claridad" (1 Corintios 13:12, NTV).

Dios está siendo deliberadamente ambiguo sobre algunos asuntos. Esta bien. La conclusión es amarse el uno al otro.

Pero sí quiero convencerte de que consideres tener mujeres en tu equipo de predicadores. Antes de etiquetarme como hereje o asumir que estoy de tu lado, escúchame.

Tener mujeres en tu equipo de enseñanza no significa necesariamente que tengas mujeres predicando en tu iglesia. Si usted es complementario, igualitario, vegetariano, o no es un "ario" en absoluto, permítame animarlo a que invite a mujeres a su equipo.

Hay varias razones por las cuales es imprescindible contar con mujeres en su equipo de predicadores:

1. **Las mujeres tienen dones para hablar.**

> Al salir al día siguiente, llegamos a Cesárea y nos quedamos en la casa de Felipe el evangelista, uno de los Siete. Tenía cuatro hijas solteras que profetizaban.
> Hechos 21:8-9 (NVI)

> Cuando llegó el día de Pentecostés, estaban todos juntos en un solo lugar. De repente, un sonido

como el soplo de un viento violento vino del cielo y llenó toda la casa donde estaban sentados. Vieron lo que parecían ser lenguas de fuego que se separaron y descansaron sobre cada uno de ellos. Todos ellos fueron llenos del Espíritu Santo ...

Hechos 2:1-4 (NVI)

"Tus hijos e hijas profetizarán ..."

Hechos 2:17 (NVI)

Las mujeres reciben dones espirituales, y algunas mujeres reciben dones para hablar.

2. Las mujeres necesitan ser entrenadas para hablar.

Cuando Priscilla y Aquila lo escucharon, lo invitaron a su casa y le explicaron el camino de Dios más adecuadamente.

Hechos 18:26 (NVI)

Priscilla era una mujer involucrada en la capacitación para la enseñanza. En realidad, ella estaba en la facultad, haciendo al menos parte de la capacitación.

Una de las razones por las que tenemos mujeres en nuestros equipos de predicadores es que las mujeres deben ser capacitadas para ser mejores maestras.

Si estamos buscando un orador para un desayuno, retiro o evento para hombres, estamos inundados de posibilidades. Pero si estamos buscando una mujer para hablar

UNA PALABRA SOBRE LAS MUJERES

en un evento de mujeres, seamos sinceros, las opciones son pocas.

Las denominaciones que alientan a las mujeres predicadoras generalmente les gusta que al menos una mujer hable en sus reuniones denominacionales. Me he sentado a través de mi parte, y tu parte, de estas reuniones. Los hablantes masculinos tienden a ser geniales. Las mujeres que hablan pueden ser, bueno ... no siempre tan buenas.

¿Ya he ofendido a todos?

Ofendido o no, ¿no tiene sentido ayudar a las mujeres a hablar mejor? ¿Exactamente cómo más mejorarán?

Beth Moore admite: "Algunos inevitablemente argumentarán que la falta de respeto no se debió al género, sino a mi falta de educación formal, pero eso también se remonta en gran medida a cuestiones de género. ¿Dónde había una mujer en mi generación y denominación para recibir capacitación en el seminario para enseñar realmente las Escrituras?"[24]

Ya es bastante malo que la mayoría de los hombres predicadores nunca tomen otro curso de predicación después de la escuela bíblica o seminario, lo peor es que ni siquiera alentamos a las mujeres a tomar esos cursos.

Hannah Anderson dice: "Si Pablo tiene razón en que la iglesia es 'el pilar y el fundamento de la verdad', el camino a seguir no es avergonzar a las mujeres líderes por usar sus dones sin credenciales teológicas, el camino a seguir es que la iglesia identifique y apoye mujeres talentosas, que se

---

24 Beth Moore, "A Letter to My Brothers," Living Proof Ministries Blog, May 31, 2018, accessed November 22, 2018, https://blog.lproof.org/2018/05/a-letter-to-my-brothers.html.

asocian con ellas a través de capacitación teológica y puestos de ministerio comisionados".

Las mujeres también necesitan ser capacitadas para formar equipos de enseñanza. Le pregunté a una amiga mía, que es mujer y pastora principal, si me permitiría usar su iglesia en uno de los mini estudios de caso. Aquí está su respuesta:

> "Gracias por pensar en mí y en nuestra iglesia. Sin embargo, no creo que el nuestro esté calificado para ser un equipo de enseñanza de la iglesia. Tenemos tres congregaciones y un pastor para dirigir cada congregación. A veces predicaré en los tres. Me temo que no somos la iglesia que quieres usar como ejemplo en tu libro".

3. Las mujeres ven algunas cosas que los hombres no ven

Un policía está conduciendo por una empinada y estrecha carretera de montaña. Una mujer conduce por el mismo camino. Cuando se cruzan, la mujer se asoma por la ventana y grita "¡Cerdo! ¡Cerdo! ¡Cerdo!" El policía está desconcertado. Se asoma por la ventana y responde: "¡Bruja!" Luego, el policía dobla la siguiente esquina y se estrella contra un cerdo.

Llamamos a Mary Beth, una de las mujeres del equipo de enseñanza de nuestra iglesia, nuestra "canaria en la mina de carbón". Los mineros solían transportar pájaros canarios enjaulados a sus minas de carbón. Si se acumulan gases peligrosos como el monóxido de carbono o el metano, los gases matarían primero a los canarios. Esto les indicó a los mineros que salieran de la mina rápidamente. La expresión idiomática ahora se refiere a alguien, o algo, que, debido a su sensibilidad hacia el entorno, actúa como una advertencia temprana de posibles condiciones adversas o peligro.

Mary Beth se sienta a través de nuestro pre-servicio a través del sermón cada semana.

Ella se apresura a decirnos qué puede ser una ilustración o una broma sensible. La necesitamos en nuestro equipo.

Si la mitad de nuestra congregación está compuesta por mujeres, y generalmente es más de la mitad, en realidad podríamos hacer un mejor trabajo de predicación si le pedimos a algunas mujeres que nos den su opinión.

4. **Las mujeres pueden abordar algunos temas mejor que los hombres.**

> El rey se levantó, y con él el gobernador y Berenice y los que estaban sentados con ellos. Después de salir de la habitación, comenzaron a decirse el uno al otro: "Este hombre no está haciendo nada que merezca la muerte o el encarcelamiento".
> Hechos 26:30 (NVI)

El rey Agripa II tenía una hermana llamada Berenice, y evidentemente, valoraba su opinión.

Estoy tan cansado de hablar de madres en el día de la madre. ¿Qué se yo al respecto? Sé que quiero honrar a mi mamá y a mi esposa, pero más allá de eso, no estoy calificado.

Hace un par de años, me acerqué a dos mujeres de nuestro equipo y les pregunté si hablarían el Día de la Madre. Inmediatamente, ambos respondieron, al mismo tiempo: "¡Odio el Día de la Madre!"

"¿No todas las madres aman el Día de la Madre?" Pensé. Entonces pregunté: "¿Por qué es eso?" Te daría sus respuestas, pero sería mejor si le preguntaras a una madre tú mismo. Algunas cosas son mejor respondidas por las madres.

¿Qué hay de María? ¿Piedad? Ester? Débora? Lydia? ¿Qué hay de María Magdalena? ¿El dolor del parto? ¿Parto? ¿Exclusión? ¿Injusticia? Hay numerosos temas sobre los que necesitamos que las mujeres hablen: tienen más conocimiento y autoridad sobre ellos que la mayoría de los hombres. ¡Las mujeres realmente pueden hablar sobre cada tema!

Mary Beth Burrell bromeó: "Proverbios 31 no es el único pasaje de la Biblia que se aplica a las mujeres".

Y Crystal Virtue dijo: "El cristianismo es la primera religión que eleva a las mujeres a la misma posición y da la bienvenida a todas las personas. "Ahora me doy cuenta de lo cierto que es que Dios no muestra favoritismo" (Hechos 20:34). Dios quiere que todos demostremos respeto, pero dio voz a hombres y mujeres para alabanza de su gloria".

5. Las mujeres han sido tratadas peor de lo que se merecen.

Me frustra cuando siento que la respuesta a la injusticia promovida es balancear el péndulo hasta el otro lado y golpear a todos en la cabeza con él. Eso no es lo que sugiero. Estoy proponiendo que incluir a las mujeres en su equipo de enseñanza podría ser un gran paso en un ajuste de actitud muy necesario.

Beth Moore, en "Una carta a mis hermanos", lo expresó así:

> Les pido que se den cuenta de algunas de las actitudes sesgadas que enfrentan muchas de sus hermanas. Muchas iglesias rápidas para enseñar sumisión a menudo tardan en señalar que las mujeres también estaban entre los seguidores de Cristo (Lucas 8), que la primera palabra registrada de su boca resucitada fue "mujer" (Juan 20:15), y eso mismo La mujer fue la primera evangelista. Muchas iglesias totalmente dedicadas a enseñar los códigos de los hogares son lentas para señalar también a las numerosas mujeres con las que el Apóstol Pablo sirvió y por las cuales tenía una estima evidente. Somos totalmente capaces de lidiar con la tensión que crean los dos espectros, y debemos hacerlo si estamos realmente dedicados a todo el consejo de la Palabra de Dios.[25]

¿Por qué aparece Junias (un nombre claramente femenino) como apóstol?

> Saluda a Andronico y Junias, mis parientes y mis compañeros de prisión. Son prominentes entre los apóstoles, y estaban en Cristo antes que yo.
>
> Romanos 16:7 (CEB)

---

[25] Beth Moore, "A Letter to My Brothers" https://blog.lproof.org/2018/05/a-letter-to-my-brothers.html.

¿Por qué se cambió su nombre a Junias en 1927? Scott McKnicht escribe: "Junias es un hombre que no existía con un nombre que no existía en el mundo antiguo". ¿Y por qué fue cambiado en 1929? Como dije, no tengo todas las respuestas.

¿Por qué se menciona a Priscilla las primeras cinco de las siete veces que es nombrada con su esposo en las Escrituras? Aquí está mi respuesta: no estoy seguro. Aquila aparece primero dos veces. ¿Quizás es una situación de "ambos y"?

> Salude a Priscilla y Aquila, mis compañeros de trabajo en Cristo Jesús.
>
> Hechos 16:3 (NVI)

Si las mujeres son realmente compañeras de trabajo, tratémoslas como compañeras de trabajo. ¡Inclúyalas en su equipo!

MINI-CASO DE ESTUDIO:
REBIRTH LA, LOS ÁNGELES, CALIFORNIA

Lé Selah Richardson dice: "Creo que la predicación en equipo ofrece diferentes estilos de comunicación que atraen a diferentes audiencias. También atrae un nuevo grupo demográfico a la iglesia. Estas cosas son importantes para ayudar con el crecimiento de una plantación de iglesia, especialmente teniendo en cuenta que soy una mujer pastora principal y sembradora de iglesias".

Los predicadores de Rebirth LA se alistan de aquellos que nunca han buscado la oportunidad de predicar. Se seleccionan mediante un proceso de oración, discernimiento y respuesta del Espíritu Santo, basado en un criterio básico de discipulado, estudio y servicio.

El enfoque de predicación del equipo Rebirth LA está en su fase inicial y se ejecuta a través de relaciones de pacto. Cuatro predicadores se encuentran actualmente en entrenamiento. Ninguno de ellos tiene entrenamiento teológico formal o experiencia en enseñanza / predicación. Algunos tienen una experiencia mínima de hablar en público. Como resultado, las relaciones y matrimonios de hermandad ayudan con el apoyo y la confianza para enseñar.

Lé escribe: "He descubierto que emparejar dos socios de responsabilidad es mucho más efectivo que dos personas que no tienen una relación existente. Por ejemplo, el artista extrovertido y el productor musical introvertido están mostrando una gran promesa como equipo de enseñanza. Emparejar un equipo de marido y mujer ofrece un enfoque holístico de la exégesis del texto y la presentación del sermón. En ambos escenarios, uno es más un predicador y el otro es un maestro".

Selah cree: "La ventaja de predicar equipos es la tenacidad de las relaciones entre los miembros del equipo. Los equipos muestran un mayor compromiso con la gran comisión. Además, tienden a ser una red de seguridad para las deficiencias de los demás. Las desventajas son la condición humana de competitividad y la comparación entre los diferentes dones y gracias de los demás. Hay momentos en que los desafíos de comunicación y las disputas se pueden discernir fácilmente. Sin mencionar las quejas de los miembros de la iglesia cuando presenté este plan".

Los predicadores en entrenamiento comienzan por primera vez ofreciendo devocionales durante llamadas de oración semanales y grupos de vida. El siguiente paso es un campo de entrenamiento para predicadores diseñado por Lé para ayudar con técnicas básicas de hablar en público, enseñar y predicar. El objetivo final es que los equipos se alternen cada cuarto domingo. Estas metas son un trabajo en progreso.

> ## EL GRAN RETO:
> Si aún no lo ha hecho, agregue algunas mujeres a la lista de invitados a su equipo docente.

SECCIÓN CUATRO

¿CÓMO?

CAPÍTULO 11

TIEMPO DE ENTRENAMIENTO

Si piensas dos veces, antes de hablar una vez, hablarás dos veces mejor por ello.

—William Penn

La iglesia no es un lugar para entretenerse. Es un lugar para estar equipado, capacitado para ir y hacer la misión de Dios.

—Sam Stephens

No somos un regalo de Dios para las personas, Jesús lo es.

—Jodi Hickerson

En la década de 1990, el gurú cristiano de la motivación, Peter Lowe, celebró uno de sus seminarios "Motívate" en San Francisco. Uno de los oradores fue el héroe de fútbol retirado en ese entonces, Joe Montana. La charla de Montana fue, en el mejor de los casos, incómoda. Era evidente que Montana estaba bastante incómodo dando un discurso, especialmente a una gran audiencia en vivo. La multitud respondió con gracia ... después de todo, él era un héroe de la ciudad.

Cuando el grupo de Peter Lowe llegó al norte de California al año siguiente, me sorprendió ver, una vez más, a Joe Montana en el calendario. Me preparé para otra presentación incómoda, solo para sorprenderme con las nuevas habilidades de oratoria de Montana. El ex quarterback parecía tan natural detrás del atril como lo hizo detrás de su línea ofensiva en sus días de juego. Era claro, equilibrado, divertido e influyente. No recuerdo exactamente lo que dijo, pero sí recuerdo alejarme dándome cuenta de que se puede enseñar gran parte de la oratoria.

Hay una historia antigua pero efectiva sobre una mujer que fue a ver a su abogado porque buscaba el divorcio. El abogado preguntó: "¿Tiene algún motive en la tierra?" "Sí", respondió la mujer, "tenemos alrededor de cuarenta acres". "No, eso no es lo que quise decir", dijo el abogado. "Si quieres un divorcio necesitas algún tipo de demanda". "Oh, tengo varios trajes de pantalón", respondió la mujer. "No entiendes", insistió el abogado. "Necesitas tener una razón para el divorcio. ¿Tienes algún tipo de rencor? "En realidad no", dijo. "Simplemente tenemos una cochera". "No, no, no", continuó el abogado. "¿Hay algo que uno de ustedes haga que realmente moleste al otro? Por ejemplo, ¿te despiertas gruñón? "No", dijo, "por lo general solo lo dejo dormir". "Señora, me estás volviendo loco". dijo el abogado exasperado. "Todo lo que quiero saber es por qué quieres un divorcio". "Oh, eso es simple", dijo la mujer. "Ya ves, mi esposo simplemente no sabe cómo comunicarse".

¿Cómo podemos aprender a comunicarnos más efectivamente?

Hoy temprano, un plantador de iglesias llamó y me pidió diez minutos de mi tiempo. "Prediqué cuarenta y algo veces el año pasado y casi me mata", dijo. "Uno de mis objetivos este año es poner en marcha un equipo de predicadores. Tengo un ex pastor en mi iglesia, él tiene algunas buenas habilidades iniciales, pero hay algunas cosas en las que me gustaría trabajar con él antes de desatarlo en la congregación. Pero él es mayor que yo ... ¿qué hago?

Una vez que haya identificado posibles oradores, ¿cuál es el siguiente paso?

Aquí hay algunas sugerencias para el tiempo de entrenamiento:

1. **Solo invitación**

Al comenzar un equipo de enseñanza o un grupo de capacitación de predicadores, no permita que cualquiera asista. Como líder, invite personalmente a posibles oradores o estudiantes a su capacitación.

> Pablo fue primero a Derbe y luego a Listra, donde había un joven discípulo llamado Timothy. Su madre era creyente judía, pero su padre era griego. Los creyentes en Listra e Iconio pensaron bien en Timothy, por lo que Paul quería que se uniera a ellos en su viaje.
>
> Hechos 16:1-2 (NTV)

No parece que la iglesia primitiva buscara voluntarios tanto como usaron la invitación personal.

Recientemente, alguien apareció para una de nuestras reuniones de capacitación. Entró, se sentó y reveló: "Pensé que me sentaría en su reunión". Fue incomodo. Expulsarlo de la reunión parecía un poco extremo, y no estaba realmente listo para él, pero simplemente continuamos con nuestra reunión de todos modos. Cuando los miembros de nuestro equipo comenzaron a debatir si la definición de predicación expositiva de Haddon Robinson era precisa o si Tim Keller tenía una mejor idea, miré para ver cómo estaba el invitado, no parecía inmutarse. Luego, el grupo comenzó a discutir qué herramientas usar para la exégesis y las diferentes formas de crear tensión en una charla. Volví a mirar al recién llegado y nuevamente parecía estar bien. Cuando nos despedimos, dejó el edificio antes de que pudiera hablar con él.

La próxima vez que me encontré con esta reunión del equipo de predicadores, estaba preparado con una solución. Me acerqué a él: "Oye, déjame invitarte a unirte al principio la próxima vez que comencemos un grupo de capacitación de maestros", le dije. "Es un poco difícil saltar al medio …" Luego saltó al medio de mi oración. "No quiero volver a tu grupo nunca más, ¡eso definitivamente NO es para mí!"

La invitación personal elimina a aquellos que solo perderían su tiempo. Y honra a aquellos que realmente sienten un llamado a hablar. Muchas personas rompieron a llorar cuando les pedí que se unieran a nuestro grupo. ¡Estoy bastante seguro de que fueron lágrimas felices por cierto!

2. No hacer promesas

Más tarde, Pablo escribió a Timoteo aconsejando: "Primero deben probarse a sí mismos. Entonces, si nadie tiene nada en contra de ellos, pueden servir" (1 Timoteo 3:10, CEV).

Dé tiempo para descubrir los regalos de un candidato antes de empujarlo al escenario.

Hágales saber a los alumnos que aceptar participar en el entrenamiento no garantiza que predicarán el domingo. Tengo que tener muy claro que esta es una invitación a un equipo de entrenamiento primero, no una invitación a predicar el sermón del Domingo de Pascua.

También sugiero que se abstengan de hacer promesas de no pedirles que hablen también. He alentado a algunas personas a unirse al grupo. "No se preocupe si le pedimos que hable, no haremos eso …" Luego les pedimos que hablaran, y lo hicieron muy bien, así que les pedimos que volvieran a hablar, y siguen hablando, "Pero prometiste No a…"

Seamos muy claros desde el principio.

3. Trabajar a través de materiales sólidos.

> Mientras tanto, un judío llamado Apolos, originario de Alejandría, vino a Éfeso. Era un hombre erudito, con un conocimiento profundo de las Escrituras. Había sido instruido en el camino del Señor, y habló con gran fervor y enseñó acerca de Jesús con precisión, aunque solo conocía el bautismo de Juan. Comenzó a hablar audazmente en la sinagoga. Cuando Priscilla y Aquila lo escucharon, lo invitaron a su casa y le explicaron el camino de Dios más adecuadamente.
>
> Hechos 18:24-26 (NVI)

Nuestra formación de predicación implica un estudio continuo a través de libros y recursos de predicación y habla.

Comenzamos nuestros posibles oradores con *Comunicando para un cambio* de Andy Stanley. Esta es la mejor cartilla de predicación que he visto. El trabajo es legible; captura la razón principal de la enseñanza: vidas cambiadas; proporciona un esquema factible: Yo, Nosotros, Dios, Tú, Nosotros, con el cual requerimos que cada nuevo orador comience si van a hacer una presentación en uno de nuestros ministerios; y afecta a casi todos los aspectos de hablar.

Stanley escribe: "Predicar para cambiar la vida requiere mucha menos información y más aplicación. Menos explicaciones y más inspiración. Menos del primer siglo y más del siglo XXI".[26]

Mucha gente rechazará la "Gran Idea" de Stanley. Algunos lucharán contra el formato "Yo-Nosotros-Dios-Tú-Nosotros". Los alentamos a seguir este método de todos modos. Nos da una gran idea de si saben cómo seguir y están dispuestos a aprender o cambiar. Casi todos los que siguen el enfoque de Stanley, incluso de mala gana, terminan apreciando e incluso gustando.

Jim Kennon lidera un Grupo de Predicación de la Red de Liderazgo Excel en el área de Phoenix. Recientemente me envió esta nota: "Revisar el libro *Comunicando para un cambio* de Andy Stanley (una vez más) ha perturbado mi zona de confort como comunicador. Hace unas semanas,

---

[26] Andy Stanley and Lane Jones, *Communicating for a Change: Seven Keys to Irresistible Communication* (Sisters, Or.: Multnomah Publishers, 2006).

me encontré mirando el pasaje durante tres días, esperando el momento 'ajá' para descubrir la única verdad principal. Fue doloroso solo esperar. Luego, el jueves llegó el momento, la niebla se despejó y el mensaje básicamente se preparó. Tiempo (y agonía) bien empleado. Gracias, Andy, y gracias, Grupo".

El próximo libro en el que trabajamos es el clásico, *La predicación bíblica* de Haddon Robinson. Andy Stanley tomó prestado el término "Gran Idea" de Haddon Robinson. *La predicación bíblica* ha sido el mejor libro de predicación en seminarios y escuelas bíblicas durante décadas. Dado que fue escrito como un libro de texto de seminario, no es el libro más fácil de digerir. La forma en que un estudiante responde a esto nos da una idea de su ética de trabajo y su capacidad para lidiar con conceptos complicados.

Robinson da la definición clásica de predicación expositiva: "La predicación expositiva es la comunicación de un concepto bíblico, derivado y transmitido a través de un estudio histórico, gramatical y literario de un pasaje en su contexto, que el Espíritu Santo aplica primero a la personalidad y la experiencia del predicador, luego a través del predicador, se aplica a los oyentes".[27]

Después de llevar a nuestro primer equipo de predicadores a través de estos dos volúmenes emblemáticos, comencé a buscar el siguiente libro obvio para estudiar. Me tope con un gigante montón de nada. Le pedí recomendaciones a algunos amigos, e incluso pregunté a algunos

---

[27] Haddon W. Robinson, *Biblical Preaching: The Development and Delivery of Expository Messages* (Grand Rapids, MI: Baker Academic, 2001), Kindle Edition, Locations 235-237.

profesores de predicación del seminario sobre sus ideas. Grillos En serio, nadie tenía ninguna idea. Luego le pregunté a Paul Borden, él inmediatamente sugirió *La trama homilética* de Eugene Lowry.

Este libro fue publicado originalmente en 1980 y es bastante difícil de encontrar cuando lo buscábamos, pero ha sido reeditado y ampliado. Si Andy Stanley derivó la "Gran Idea" de Haddon Robinson, tomó prestado, "Yo-Nosotros-Dios-Tú-Nosotros" de Eugene Lowry. Lowry usó los términos, "¡Uy! – Ugh! – Ajá! – Whee! – ¡Si!" que se conoce como el "Lowry Loop". Este trabajo sugiere que los sermones toman más de la fórmula de un drama televisivo que la antigua estructura de "tres puntos y un poema". Desafortunadamente, Lowry no hace caso a sus propios consejos. No está escrito en forma dramática, está escrito como lectura obligatoria en una clase de homilética en el seminario, pero sigue siendo una lectura obligada.

Eugene Lowry argumenta que incluso si los predicadores no están predicando sobre una historia bíblica, los puntos del sermón deberían sentirse como las partes de una narración.

Después de trabajar con estos tres, me puse a buscar el próximo libro de capacitación. Le pedí una sugerencia a Dale Hummel y me recomendó pasar por *Save The Cat: El último libro sobre escritura de guiones que necesitará* de Blake Snyder.

Como indica el título, este es un tratado sobre cómo escribir un guion. Es una mirada entretenida de cómo se pueden juntar las narrativas, las líneas argumentales y las historias B y la tensión. Hay excelentes consejos para alejarse de su escritura por un tiempo y cómo configurar las piezas particulares de una historia. Fue un estudio divertido después de trabajar en dos tomos pesados, y complementa el libro de Lowry espléndidamente.

Snyder dice: "Ya sea que esté escribiendo una comedia, un drama o una imagen de un monstruo de ciencia ficción, una buena película tiene que ser 'sobre algo'. Y el lugar para adherir de qué se trata su película es desde el principio. ¡Dilo! En voz alta. Justo ahí. Si no tienes una película sobre algo, estás en problemas. Esfuércese por descubrir qué es lo que está tratando de decir. Tal vez no lo sepa hasta que termine su primer borrador. Pero una vez que lo sepa, asegúrese de que el tema se plantee desde el principio: la página 5 es donde siempre lo pongo. Pero asegúrate de que esté ahí. Es su oferta inicial. Declarar: puedo probarlo. Entonces prepárate para hacerlo".[28]

El próximo libro por el que pasaría al equipo es *La predicación* de Timothy Keller. Keller ha olvidado más sobre la predicación de lo que nuestro equipo podría aprender. Cita tantos libros de predicación que me pregunto por qué me quedé perplejo sobre qué estudiar a continuación. Muchos de los libros a los que alude en realidad están agotados. ¿Dónde *los* encontró?

Keller revela: "Llegué a la conclusión de que la diferencia entre un mal sermón y un buen sermón se encuentra en gran medida en los predicadores, en sus dones y habilidades y en su preparación para cualquier mensaje en particular. Sin embargo, mientras que la diferencia entre un

---

[28] Blake Snyder, *Save the Cat!: The Last Book on Screenwriting You'll Ever Need* (Studio City, CA: Michael Wiese, 2005), Kindle Edition, 74.

mal sermón y un buen sermón es principalmente responsabilidad del predicador, la diferencia entre una buena predicación y una gran predicación radica principalmente en la obra del Espíritu Santo en el corazón del oyente y del predicador".[29]

Sin embargo, también hemos terminado de trabajar:

Charla como Ted: Los 9 secretos para hablar en público de las mejores mentes del mundo por Carmine Gallo: una excelente visión de cómo los mejores presentadores de Ted Talk dominan su oficio. Gallo escribe: "Puedo enseñarte cómo contar una historia. Puedo enseñarte cómo diseñar una hermosa diapositiva de PowerPoint. Incluso puedo enseñarte cómo usar tu voz y tu cuerpo de manera más efectiva. Las historias efectivas, las diapositivas y el lenguaje corporal son componentes importantes de una presentación persuasiva, pero significan poco si el orador no es un apasionado de su tema. El primer paso para inspirar a otros es asegurarte de que te inspiras a ti mismo".[30]

Morir para predicar: Abrazando la cruz en el púlpito de Steven Smith: un recordatorio del arduo trabajo de la predicación. Aquí está la premisa de Smith: "La predicación no es una vitrina para la capacidad retórica; no es un lugar para mostrar lo tradicionales o modernos que somos; No es un lugar para cumplir aspiraciones de gloria. El púlpito es un lugar para morir para que otros puedan vivir".[31]

---

[29] Timothy Keller, *Preaching: Communicating Faith in an Age of Skepticism* (New York, NY: Penguin Books, 2016), Kindle Edition.
[30] Gallo, *Talk like TED*.
[31] Steven W. Smith, *Dying to Preach: Embracing the Cross in the Pulpit* (Grand Rapids, MI: Kregel Publications, 2009), Kindle Edition, Locations 193-194.

Predicación de Fred Craddock: un poco anticuado, pero vale la pena. Craddock terminó su libro con esto: "Y quién puede concebir una mayor motivación para predicar lo mejor que podemos: hay al menos una persona en el santuario escuchando, una persona que, debido a este sermón, puede tener una visión más clara, Una esperanza más brillante, una fe más profunda, un amor más pleno. Esa persona es el predicador".[32]

Predicando para la Gloria de Dios por Allister Begg – El Capítulo 5 es un excelente recurso para cualquier predicador: Piensa Vacío / Léelo Completo / Escríbelo Claro / Ora Caliente / Sé tú mismo, pero No te Prediques. Escuché a Albert Tate hacer una excelente presentación sobre este material: fue tan bueno que revisamos el libro.

Deep & Wide por Andy Stanley – específicamente el capítulo once sobre "La predicación de doble barril". Stanley describe cómo hablar con creyentes comprometidos y personas sin iglesia con el mismo sermón. Afirma: "La clave para involucrar con éxito a personas no creyentes en un mensaje de fin de semana tiene más que ver con su enfoque y su presentación que con su contenido".[33]

The Art of the Pitch: Persuasion and Presentation Skills that Win de Peter Coughter – Coughter es un lanzador publicitario. Afirma que "todo es una presentación", luego ofrece ideas increíbles para presentar, hablar y ganar. Muchos libros de predicación se centran en el contenido, y esto es absolutamente necesario, pero me gusta, *The Art*

---

[32] Fred B. Craddock, *Preaching* (Nashville: Abingdon Press, 2010), Kindle Edition, 222.
[33] Andy Stanley, *Deep & Wide: Creating Churches Unchurched People Love to Attend* (Grand Rapids, MI: Zondervan, 2016), Kindle Edition, 230.

of the Pitch porque se centra en la presentación. Coughter plantea problemas como cómo podemos aferrarnos a las distracciones de la presentación durante años si no tenemos cuidado, y advierte que no se presentará como presentador de Game Show: "No es inusual que me encuentre con un presentador que confía en su habilidad, conoce sus cosas y ha tenido mucho éxito en el pasado. Al menos, en su propia mente. De lo que no se da cuenta es de que lo que él considera 'pulido' en realidad se está volviendo 'slick'. A la audiencia no le gusta 'slick'. 'Slick' es sinónimo de 'no auténtico'. Y 'no auténtico' es realmente mortal. Por lo tanto, debe ser eliminado".[34] Este es un gran libro; Lo pondría en lo alto de cualquier lista de entrenamiento.

Predicando De La Otra Manera, otro libro que nuestro equipo ha trabajado, por un autor que conozco bastante bien.

Decirlo bien: el arte y la práctica de hablar con éxito por Charles Swindoll: este es el libro en el que estamos trabajando actualmente. Swindoll enfatiza que "… cualquier persona puede convertirse en un orador público efectivo si quiere trabajar duro".[35]

Otros libros que hemos distribuido a nuestro equipo incluyen:

Salvando a Eutico: Cómo predicar y mantener a la gente despierta por Gary Millar y Phil Campbell, un trabajo admirable para mantener y mantener la atención del oyente. "Otro peligro", dice Millar, "se debe al hecho de

---

34 Coughter, *Art of the Pitch*, Kindle Edition, 88.
35 Swindoll, *Saying It Well*, Kindle Edition, 32.

que las personas ponen demasiado énfasis en el predicador como 'intérprete' (o incluso 'personalidad')".[36]

Estamos viendo la revisión de *Las leyes de la comunicación para la predicación* por Dave Snyder. Snyder afirma audazmente: "Creo que todos tienen potencial para convertirse en un comunicador y predicador de clase mundial".[37]

Otros trabajos en el que son, *Recapturando la voz de Dios* por Steven Smith; *La predicación que mueve a las personas* por Yancey Arrington; *Homilías para transformar corazones y mentes* por Andre Papineau; y *Sermones bíblicos* de Haddon Robinson.

Continuamos buscando materiales desafiantes para ayudarnos a ser mejores presentadores. (¡Estoy contando nuestra salida para ver a Jerry Seinfeld hacer una rutina de comedia en vivo como tiempo de entrenamiento!)

Pero, sinceramente, el beneficio principal para el tiempo de entrenamiento no es tanto *lo que* discutimos, sino *que lo que* discutimos.

En su trabajo *Por qué Johnny no puede predicar*, David Gordon postula que una razón por la que Johnny no puede predicar es porque Johnny no puede leer, o más específicamente, no lee ni estudia: "Una cultura que lee puede considerar lo que es significativo porque leer lleva tiempo, y lo que es importante normalmente toma tiempo para aprehender. Pero una cultura que está acostumbrada a las interrupciones comerciales cada seis o siete minutos pierde

---

[36] J. G. Millar and Phil Campbell, *Saving Eutychus: How to Preach Gods Word and Keep People Awake* (Kingsford, Australia: Matthias Media, 2013), Kindle Edition, Locations 163-164.

[37] Snyder, *The Laws of Communication for Preaching*, Kindle Edition, 11.

su capacidad de discutir asuntos importantes porque ha perdido la paciencia necesaria para considerarlos".[38]

Lucas dice: "La predicación de Saúl se hizo cada vez más poderosa …" (Hechos 9:22, NTV).

Podemos seguir los pasos de Pablo y mejorar en la predicación mientras ayudamos a otros a ser predicadores más poderosos también.

Ritmo y Estilo

Un periódico de St. Charles, Illinois, publicó este titular: "450 ovejas saltan a la muerte en Turquía". La historia comenzó: "Los pastores que desayunaban en las afueras de la ciudad de Gevas, Turquía, se sorprendieron al ver a una oveja solitaria saltar de un acantilado cercano y caer a la muerte. Sin embargo, quedaron atónitos cuando el resto de las casi 1,500 ovejas en el rebaño lo siguieron, cada una saltando del mismo acantilado".

Cuando todo terminó, el periódico local informó que "450 de las ovejas perecieron en una pila ondulante y blanca" (las que saltaron desde el medio y el extremo de la manada se salvaron a medida que la pila se hizo más alta y la caída más amortiguada). La pérdida estimada para las familias de Gevas supera los $ 100,000, una cantidad extremadamente significativa de dinero en un país donde la persona promedio gana alrededor de $ 2,700 anualmente.

"No hay nada que podamos hacer. Todos están desperdiciados ", dijo Nevzat Bayhan, miembro de una de las veintiséis familias cuyas ovejas pastaban juntas en el rebaño.

---

38 T. David Gordon, *Why Johnny Can't Preach: The Media Have Shaped the Messengers* (Phillipsburg, NJ: P & R Pub., 2009), Kindle Edition, Locations 488-491.

Con demasiada frecuencia seguimos ciegamente a otras personas que están saltando a su desaparición. Al desarrollar un equipo de enseñanza, no estamos tratando de crear seguidores ciegos que salten a todo lo que pedimos. Y hay algo que podemos hacer para evitar la imitación no auténtica.

Cuando originalmente le pregunté a uno de nuestros principales colaboradores actuales del equipo de predicadores si se uniría al equipo que rechazó de inmediato. "Nunca podría hablar como tú", dijo. Respondí: "¿Quién quiere hablar como yo? ¡Muchas veces no quiero hablar como yo!"

Mi estilo de predicación es raro. Cuento muchos chistes y uso mucho humor.

Me identifico con Charles Spurgeon, quien una vez fue reprendido por usar demasiado humor en sus charlas. Él respondió: "Si supieras cuánto me detengo, me felicitarías. Hay cosas en estos sermones que pueden producir sonrisas, pero ¿qué hay de ellas? No estoy muy seguro de que una sonrisa sea un pecado, y de todos modos creo que es menos un crimen causar una risa momentánea que media hora de profundo sueño".

El gran predicador alemán Helmit Thieleke comentó. "Una iglesia está en mal estado cuando elimina la risa del púlpito y la deja en el cabaret, la discoteca y los maestros tostadores".

Tienes que amar a un predicador llamado "Helmit". ¿Crees que llevaba uno?

De todos modos, la narración de cuentos es mi fuerza. Me han acusado una o dos veces de dar un sermón de rascacielos: una historia tras otra.

Cualquiera que intentara imitar mi estilo de predicación se confundiría y finalmente dejaría de hacerlo. No estamos tratando de fabricar clones a través de un equipo de predicadores. Sí, empujamos un patrón inicial y leemos juntos los mismos materiales de predicación. Pero alentamos a nuestros jugadores a encontrar su propio estilo. Tomará algo de tiempo, experiencia, fracaso y éxito descubrir su ritmo y estilo, pero manténgalo y abrace cómo Dios lo conectó.

Judy Garland dijo: "Siempre sea una versión de primera clase de sí mismo en lugar de una versión de segunda categoría de otra persona".

El gran predicador de otro tiempo Phillips Brooks afirmó: "La predicación es mediada por la personalidad". Discernir y abrazar tu propia personalidad y permitir que Dios te use.

Peter Coughter afirmó: "Olvídate de ser" profesional "y comienza a ser tú mismo. Tu auténtico yo".[39]

Uno de los miembros clave de nuestro equipo docente, Ben Finney, también es maestro de matemáticas en la escuela secundaria. Ben tiene un horario tradicional con veranos libres de la enseñanza. Hace unos años comenzó una tradición de ver al menos una serie de películas completas cada receso de verano. Comenzó con una breve, la trilogía *Regreso al futuro*. Trabajó durante toda la serie de

---

39 Coughter, *Art of the Pitch*, Kindle Edition, 12.

Star Wars un verano. En su último descanso, Ben vio todas las películas de *Misión:Imposible*. Ben dijo que notó que, en la mayoría de las series, los productores intentan vincularlos con escenas o temas similares en cada película. Por ejemplo, en la serie *Misión:Imposible*, cada película contiene una escena en la que el personaje de Tom Cruise cae desde una altura significativa solo para detenerse a centímetros del suelo. Ben dice que los temas comunes unen las películas, y se encontró esperando la escena de la caída en cada uno de los shows de *M:I*.

Luego, Finney observó: "En nuestro equipo de enseñanza, reunimos nuestras diferentes personalidades y estilos, pero las escenas comunes unen los mensajes y las series". En cada mensaje, sin importar quién esté hablando, tratamos de traer dos "escenas" familiares. Ben sugiere que los feligreses regulares se encuentran esperando esas escenas.

Una es una presentación clara del evangelio usando la "Oración ABC". No importa quién esté hablando, nos aseguramos de vincular el mensaje al delinear nuestra necesidad de interactuar con el evangelio al admitir que necesitamos un salvador, creer que Jesús murió y resucitó para ofrecernos perdón y comprometernos a seguirlo.

La segunda "escena" es lo que nuestro Pastor Principal, Tim Pearring, llama "El gran desafío". Cada mensaje, sin importar quién lo presente, contiene un paso de acción claro y medible para facilitar a las personas la aplicación del sermón y el progreso en su viaje espiritual.

MINI-CASO DE ESTUDIO:
DISCIPLES CHURCH, FOLSOM, CALIFORNIA

El equipo de predicación de los discípulos tiene de seis a ocho miembros, con dos o tres que predican regularmente en los servicios dominicales. Se reúnen mensualmente para ver la predicación de cada uno en video, esbozar nuevas series y hacer una lluvia de ideas sobre la dirección de la predicación a largo plazo.

El pastor principal Stu Streeter dice: "Nuestra razón principal para comenzar un equipo de predicación fue simplemente criar a otros en nuestra congregación que tenían un don pero que no habían agudizado las habilidades y la práctica en torno al don. También nos ha servido bien para dar un lugar de servicio a aquellos que tienen pasión por la dirección de la predicación en nuestra iglesia, a pesar y ayudarnos a guiarnos de manera direccional".

La capacitación consiste en leer libros sobre comunicación juntos y verse regularmente en video para evaluar la entrega de sermones. Discípulos usa una hoja de evaluación simple para ayudar a dar una reflexión cuantitativa sobre un sermón.

Streeter cita estas ventajas: "En primer lugar, la congregación está obteniendo diferentes perspectivas en una serie. Por ejemplo, actualmente estamos estudiando The Miraculous como aparece en el Libro de los Hechos. Tener todas esas ideas y desafíos provienen de mi lectura de Hechos dejaría a la iglesia corta. Nuestro otro predicador en esta serie trajo una tremenda profundidad de conocimiento y desafío a nuestra gente que nunca podría haber tenido".

Él dice que la enseñanza en equipo ayuda a "desarrollar los dones y las habilidades de los comunicadores en nuestra congregación. Obtener capacitación en predicación generalmente está reservado para el seminarista. Al tener un equipo de predicación, podemos bajar el telón sobre el funcionamiento interno de una serie de sermones, desde una idea cruda hasta un domingo por la mañana".

Streeter concluye: "Hemos desafiado las preferencias de las personas en la música de adoración, el volumen y el estilo durante décadas. Introducir un equipo de predicación ahora desafía las preferencias de las personas en otro nivel. Para aquellos obligados y decididos a ser consumidores en la iglesia, esto no va bien".

EL GRAN RETO:

Regrese a la lista de libros que figuran en este capítulo y elija uno para leer y discutir con su equipo docente. Túrnense para que los miembros lideren las discusiones como otra oportunidad para practicar la comunicación.

CAPÍTULO 12

¿QUIEN TE ESTA DANDO RETROALIMENTACION?

Si no escucha lo que dice la gente, muy pronto se habrá rodeado de personas que no tienen nada que decir.

—Andy Stanley

No importa la edad que tengas o lo que creas que has logrado. No lo sabes todo. Si deja que su éxito se convierta en terquedad, es posible que sepa menos a medida que pasan los años. Te vuelves más estúpido porque dejas de escuchar. Nadie puede decirte nada.

—John Calipari, *Jugadores Primero:
Entrenando desde adentro hacia afuera*

Tan pronto como sea posible, los expertos buscan hambrientos comentarios sobre cómo lo hicieron. Necesariamente, gran parte de esa retroalimentación es negativa. Esto significa que los expertos están más interesados en lo que hicieron mal, por lo que pueden arreglarlo, que en lo que hicieron bien. El procesamiento activo de esta retroalimentación es tan esencial como su inmediatez.

—Angela Duckworth, *Grit: The Power of Passion and Perseverance*

Los estudiantes debían usar un traje para la clase de homilética en los días en que estaban programados para predicar. Todos sabían que era mi día cuando me presenté en el Seminario de Denver con un atuendo azul claro de tres piezas. "Pearring debe estar predicando hoy", bromearon.

Era mi primer discurso de posgrado y estaba luchando contra los nervios cuando entré en la clase de predicación del Dr. James Means. Fue reconfortante saber que no era el único que hablaba en ese período. Mi buen amigo, mi hermano de la fraternidad que me ayudó a llevarme al Señor y al ex alumno de UCLA Rick Siemens, también estaba en el expediente.

El Dr. Means entró en clase un poco tarde ese día. Su rostro estaba más sombrío de lo normal, y anunció abruptamente: "Mi cuñado cayó muerto anoche. Inmediatamente después de esta clase, conduzco a Kansas para el funeral. Entonces, no estoy de humor … "Luego agregó:" Siemens llamó enfermo, así que Pearring pasa al frente".

Conmocionado, procedí a entregar un intento de mensaje bien preparado, mediocre, muy organizado y mediocre, y luego me senté. En una palabra, era olvidable. Lo que no fue olvidable fue lo que sucedió después. Esperaba que saliéramos temprano, pero el Dr. Means puso un monitor de televisión y una videograbadora al frente de la clase. "Como Siemens no está aquí y tenemos algo de tiempo, reproduzcamos nuevamente el mensaje de Pearring y haré comentarios".

Los comentarios fueron medio malos, bueno, malos. Se metió en esta primera charla en el seminario como alguien que acaba de experimentar una muerte en su familia. Él dijo: "He visto a los predicadores entusiasmarse más con la sección de ropa interior para niños pequeños del catálogo

Sears and Roebuck que Pearring con este mensaje". Recuerdo esa línea, porque nunca escuché que un predicador se entusiasmara con ese tipo de cosas, ¡y especialmente porque el Dr. Means usó esa línea más de una o dos veces!

Inmediatamente, muchos de mis compañeros salieron en mi defensa: "No fue tan malo Dr. Means". "Debes admitir que los chistes fueron bastante divertidos".

El Dr. Means no estaba convencido. Salió corriendo después de la clase. Mis amigos vinieron a consolarme, pero recuerdo sonreír. Me sentí bastante bien con la experiencia.

¿Por qué? De hecho, había recibido algunos comentarios reales. Supuse que Dios tenía un plan para mi futuro de predicador si me permitía pasar por algo así. Y aún mejor, mi amigo Rick *ahora me la debía*.

¿Quién da retroalimentación a los predicadores?

Una vez llegué una hora y cuarenta y cinco minutos tarde para una boda que estaba programada para oficiar. Todos, especialmente los novios, solo tenían cosas buenas que decir. Me merecía un regaño, pero a nadie le gusta ser honesto con su pastor.

Una vez, después de lo que creo que es el peor sermón que he dado (tuve urticaria, una entrevista en el mensaje salió mal, y no estaba tan preparada como debería haber estado), persona por persona me estrechó la mano y comentó: "Buen trabajo, Pastor". Finalmente, no pude soportarlo. "¿Están hablando en serio?" Yo pregunté. "Ese no fue un buen sermón". Mi hijo Tim estaba de pie a unos tres metros de distancia. Escuchó el intercambio y se río, "Papá, tienes razón. ¡Eso fue terrible!"

Curt Harlow, de la Iglesia Bayside en Granite Bay, California, dice: "No se produce una gran comunicación sin un proceso editorial, pero en la mayoría de las iglesias estadounidenses el pastor no recibe ningún comentario antes o después de su sermón. Nada que realmente importe en el mundo pasa sin el proceso editorial, excepto los sermones estadounidenses".

¿Dónde vamos a obtener comentarios honestos?

Aquí está la realidad:

Cuanto más tiempo vives, menos retroalimentación recibes.

Es verdad, ¿no es así? Cuando eres niño, todos aportan sus dos centavos: padres, hermanos mayores, abuelos, tías, tíos, maestros, entrenadores: es un constante de "No lo hagas, detenlo, eso es mejor, camino a seguir ..."

Pero a medida que envejecemos, es cada vez menos culturalmente aceptable dar retroalimentación a las personas. Y cuando nos hacemos mayores, las personas simplemente no se molestan. "Son" trabajadores a tiempo parcial ", está atrapado en su camino, no te metas con el abuelo ..."

Cuanto más tiempo haces algo, menos retroalimentación recibes.

Cuando comienzas un trabajo o una tarea, generalmente hay algo de capacitación, pero una vez que alcanzas el estado de oficial de viaje, ya no es aceptable que alguien señale nada sin que se lo etiquete como un fanático del control o un inteligente.

Cuanto más tiempo lideres, retroalimentación recibes.

Cuanto más asciendas en una organización, menos pensarás en señalar algo en lo que quieras trabajar. "Está solo en la cima" suena cierto, lo que lleva al último secreto:

Cuanto más tiempo tenga éxito, menos retroalimentación recibes.

El autor y cirujano de Harvard, Atul Gawande, comenzó a darse cuenta de que su trabajo se había estancado lentamente. Una tarde, pensó que se escabulliría para jugar un partido de tenis, pero no pudo encontrar un compañero. Finalmente, fue a un club de tenis local, pero le informaron que podía practicar allí solo si pagaba una lección y jugaba con el profesional del club.

Gawande escribe lo que sucedió después:

> Tenía poco más de veinte años, un recién graduado que había jugado en su equipo universitario. Golpeamos de un lado a otro por un tiempo. Al principio fue fácil conmigo, y luego comenzó a atropellarme. Saqué algunos puntos y salió el entrenador de tenis que había en él. "Sabes", dijo, "podrías obtener más poder de tu servicio". Estaba dudoso Mi saque siempre había sido la mejor parte de mi juego. Pero yo escuché. Me hizo prestar atención a mis pies mientras servía, y gradualmente reconocí que mis piernas no estaban realmente debajo de mí cuando alcé mi raqueta en el aire. Mi pierna derecha se arrastró unos centímetros detrás de mi cuerpo ... Con unos minutos de retoques,

había agregado al menos diez millas por hora a mi servicio".⁴⁰

No mucho después, Gawande estaba viendo a la estrella del tenis Rafael Nadal jugar un partido de torneo en la televisión.

"La cámara se dirigió a su entrenador, y lo obvio me llamó la atención: incluso Rafael Nadal tiene un entrenador. Casi todos los tenistas de élite del mundo hacen … Pero los doctores no. Había pagado para que un niño recién salido de la universidad mirara mi servicio. Entonces, ¿por qué me resulta inconcebible pagarle a alguien para que venga a mi quirófano y me enseñe mi técnica quirúrgica?"⁴¹

En su libro *Saving Eutychus*, Gary Millar revela: "Con los años me he vuelto cada vez más consciente de que necesito personas en mi vida (además de mi esposa) que no tengan miedo de decir: 'Gary, eso fue realmente pobre'. o "Hermano, lamento decirte que realmente perdiste el punto". Pero ese tipo de relación no es fácil. Necesitamos desarrollar relaciones con algunas personas en las que podemos confiar: personas que no solo comparten nuestra visión teológica y nuestros compromisos básicos sobre la predicación, sino que también son hábiles para resaltar dónde somos propensos a equivocarnos y a quienes no les da miedo decirlo de una manera amorosa y piadosa.

---

40   Atul Gawande, "Personal Best," *New Yorker Magazine*, October 3, 2011.
41   Ibid.

Sospecho que una minoría de predicadores tienen este tipo de relaciones".[42]

"¡Doctor!" dijo la mujer mientras rebotaba ruidosamente en la habitación, "Quiero que me digas muy francamente qué me pasa". La examinó de pies a cabeza. "Señora", dijo al fin, "solo tengo tres cosas que decirle. Primero, eres gorda. Necesitas bajar al menos treinta libras. En segundo lugar, deshazte del maquillaje. Debe usar aproximadamente la mitad de colorete y lápiz labial. Y tercero, soy ingeniero: el consultorio del médico está en el siguiente piso".

En su libro, *Qué preguntarle a la persona en el espejo*, Robert Kaplan escribe:

> Cuando le pido a un subordinado comentarios constructivos, tienden a comenzar diciéndome que lo estoy haciendo" muy bien "en todos los frentes. Cuando hago un seguimiento y pregunto: "Bueno, ¿qué debería hacer de manera diferente?", Responden: "Nada en lo que pueda pensar". Si los desafío diciendo: "¡Oye, debe haber algo!" diga, "No, de verdad; no se me ocurre nada". Luego les pido que se sienten y piensen un poco más. "Tenemos mucho tiempo", digo.
>
> Un silencio incómodo tiende a sobrevenir. Gotas de sudor comienzan a aparecer en su frente. Probablemente estén pensando, "Oh, mi señor, este tipo es realmente serio, ¿qué diablos se supone que debo decir ahora?" En ese momento, en algunos

---

42 Millar and Campbell, *Saving Eutychus*, Kindle Edition, Locations 1403-1405.

casos, parece que están a punto de hablar, y luego se detienen.

Entonces generalmente tengo que preguntar, "¿Qué estabas a punto de decir? ¡Por favor, continúe y dígalo!" En este momento, generalmente tiran algo que habían estado pensando pero que tenían miedo de decir. Ese "algo" a menudo es devastador, porque es una crítica fundamental, porque sé que es correcto y porque me doy cuenta de que muchas personas en la organización probablemente tengan la misma observación. ¡Ay!

Si alguna vez ha pasado por este proceso usted mismo, sabe que necesita mantener la compostura, agradezca sinceramente a esa persona por sus comentarios y luego llame a un amigo cercano o ser querido para preguntar si esta crítica suena correcta. Lo más probable es que hagan una pausa y digan: "Bueno, sí, eso suena como tú". Está bien, así que ahora tienes un elemento de agenda en el que trabajar. Debe tomar medidas para abordar esta debilidad, lo cual es casi seguro que puede hacer si está dispuesto a mejorar.

La buena noticia es que, en mi experiencia, encuentro que el noventa por ciento de la batalla está recibiendo comentarios. Una vez que te das cuenta de que tienes una debilidad específica, casi con seguridad puedes encontrar formas de abordarla y mejorarla.[43]

---

[43] Robert Steven. Kaplan, *What to Ask the Person in the Mirror: Critical Questions for Becoming a More Effective Leader and Reaching Your Potential* (Boston, MA: Harvard Business Review Press, 2011), Kindle Edition, 99-100.

Una gran pieza para desarrollar un equipo de predicadores es crear una cultura de retroalimentación. ¿Cómo podemos dar y recibir comentarios?

1. Solicitar retroalimentación

Sonó el timbre y la señora de la casa descubrió a un trabajador, completo con un cofre de herramientas, en el porche delantero. "Señora", anunció, "soy el afinador de piano". La señora exclamó: "¿Por qué? No envié un afinador de piano". El hombre respondió: "Sé que no lo hiciste, pero tus vecinos sí".

Cuando comenzamos el enfoque del equipo de predicadores, luché con cómo podría ayudar a los otros oradores. ¿Cómo puedo comunicar algunas áreas para que trabajen sin parecer arrogantes o duras?

Tuve una idea, ¿y si les pidiera comentarios sobre mis mensajes? Si estuviera abierto a escuchar su opinión, tal vez estarían abiertos a escuchar la mía. La estrategia funcionó asombrosamente.

Los oradores que mejoran buscan comentarios.

En *Las leyes de la comunicación para la predicación*, Dave Snyder aconseja: "¿Quién quiere regresar y escucharse hablar? Es una experiencia horrible. No importa qué tan buen orador seas o si eres un comunicador experimentado y buscado, probablemente odies escucharte hablar. Lo único peor que eso es verte a ti mismo en video. Pero eso es exactamente lo que hacen los grandes comunicadores".[44]

---

44 Snyder, *The Laws of Communication for Preaching*, Kindle Edition, 154.

Andy Stanley comparte: "Nunca descubrirás qué funciona y qué no escucha los comentarios casuales de tus electores. Y tu cónyuge tampoco será de mucha ayuda. Si quieres mejorar, tendrás que escucharte a ti mismo y pedir críticas constructivas. Tampoco son divertidos. Prefiero escuchar tu CD que el mío".[45]

Mi hijo Scott graba y revisa todas sus presentaciones. Él dice: "Escuchar grabaciones de ti mismo es el entrenamiento más doloroso y valioso que puedes hacer".

El autor Derek Doepker sugiere estas preguntas para obtener respuestas útiles a sus esfuerzos:

> La clave para mejorar su trabajo proviene de los comentarios de calidad. Tanto "tu libro apesta" como "tu libro es lo mejor que existe" carecen de una visión constructiva real. Ni las alabanzas ni las condenas le ayudarán a mejorar sus libros, por lo que debe aprender cómo sacar más provecho de sus lectores. La forma de hacerlo es con preguntas de alta calidad diseñadas para que las personas se abran y compartan más sobre lo que funciona y lo que no funciona con sus libros. Algunas preguntas de calidad incluyen:
>
> - ¿Qué fue lo que más disfrutaste de este libro?
>
> - ¿Hubo algo en particular que le haya resultado más útil?

---

45 Stanley and Jones, *Communicating for a Change*, 180.

- ¿Cuál fue tu parte favorita y por qué?

- ¿Qué podría hacer esto aún mejor?

Si está buscando comentarios constructivos sobre cómo mejorar su libro (y debería hacerlo), una gran pregunta es "¿Cómo puedo mejorar esto aún más?"[46]

2. **Avanzar en una cultura de retroalimentación estimulante.**

David Nelms dice: "No existe la crítica constructiva. Toda crítica es, por naturaleza, crítica. Tenemos que centrarnos en la retroalimentación, no en la crítica".

La crítica es rampante. Es una industria en crecimiento y rentable en nuestra cultura.

> Algunos, sin embargo, se burlaron de ellos y dijeron: "Han tomado demasiado vino".
>
> Hechos 1:13 (NVI)

La crítica puede conducir a un espíritu crítico que busca, a menudo sin saberlo, derribar, condenar y destruir.

La retroalimentación se define como: "Información sobre reacciones a un producto, el desempeño de una tarea de una persona, etc., utilizada como base para la mejora".

Debemos fomentar un entorno en el que el objetivo sea mejorar en una atmósfera estimulante.

---

46 Derek Doepker, *Why Authors Fail: 17 Mistakes Self-Publishing Authors Make That Sabotage Their Success (And How To Fix Them)* (Amazon Publishing Services, 2014).

Cuando escuchamos a uno de los miembros de nuestro equipo presente durante un tiempo de entrenamiento, siempre comenzamos con lo que salió bien. Nos especializamos en lo positivo. Luego hablamos sobre lo que podría mejorarse, y luego terminamos con otra nota positive.

3. **Evita personas negativas.**

Edgar Watson Howe aconsejó: "No maltrate a sus amigos y espere que lo consideren crítico".

Carey Nieuwhof agregó: "No dejes que las personas que solo se han sentado al margen te digan cómo jugar".

Pablo describe algún tipo específico de retroalimentación en su primera carta a Timoteo:

> Debes saber esto, Timoteo, que en los últimos días habrá tiempos muy difíciles. Porque las personas se amarán solo a sí mismas y a su dinero. Serán jactanciosos y orgullosos, se burlarán de Dios, serán desobedientes a sus padres e ingratos. No considerarán nada sagrado. Serán amorosos e implacables; calumniarán a los demás y no tendrán autocontrol. Serán crueles y odiarán lo que es bueno. Traicionarán a sus amigos, serán imprudentes, se enorgullecerán y amarán el placer en lugar de a Dios. Actuarán como religiosos, pero rechazarán el poder que podría hacerlos piadosos. ¡Aléjate de personas así!
> 1 Timoteo 3:1-5 (NTV)

Pablo nos dice que nos mantengamos alejados de los manipuladores egoístas. Este es un tema bíblico:

Un testigo falso perecerá, y quien lo escuche será destruido para siempre.
Proverbios 21:28 (NVI)

No escuches todo lo que la gente dice …
Eclesiastés 7:21 (NCV)

¡Solo los tontos creen todo lo que les dicen! Los prudentes consideran cuidadosamente sus pasos.
Proverbios 14:15 (NTV)

Nellies negativos, Debbie Downers y Wally Whiners (nombres ficticios de personas pesimistas) no duran mucho en nuestro equipo. Intentamos no invitarlos e intentamos que sea tan positivo que no les guste quedarse.

Seth Godin sugirió:

> No te beneficiarás de la crítica anónima. Recientemente escuché de un orador que pudo citar, literalmente, comentarios realmente desagradables que la gente había publicado sobre su charla. Y, sin embargo, nunca conocí a un autor que dijera: "Bueno, mi escritura no resonaba, pero luego leí todas las críticas negativas en Amazon, tomé en serio sus críticas y ahora estoy muy bien …"
>
> Hay muchas maneras de obtener comentarios útiles y constructivos. Comienza con mirar a alguien a los ojos, con tener una conversación directa uno a uno o correspondencia por correo electrónico con

un cliente que se preocupa. Formularios, encuestas, correos electrónicos masivos, tuits: nada de esto hará nada más que deprimirte, confundirte (oye, ¡la mitad de la audiencia quiere una cosa, la otra mitad quiere lo contrario!) o paralizarte.

Estoy argumentando que es un hábito positivo aislarse deliberadamente de esta retroalimentación. No lo pidas y no lo busques. Sí, cambia lo que haces para mejorar el deleite. No, no te castigas escuchando a la mafia".

No permita que personas negativas consistentes en su equipo o en su cabeza.

Las diez principales líneas de retroalimentación de los caddies de golf:

10. Golfista: "Bueno, Caddy, ¿qué te parece mi juego?"
    Caddy: "¡Muy bien, señor! Pero personalmente, prefiero el golf".
9. Golfista: "Bueno, ¡nunca antes había jugado tan mal!"
    Caddy: "No me di cuenta de que había jugado antes, señor".
8. Golfista: "Me gustaría mover el cielo y la tierra para poder romper 100 en este curso".
    Caddy: "Prueba el cielo", aconsejó el caddie. "Ya has movido la mayor parte de la tierra".
7. Golfista: "Caddy, ¿crees que mi juego está mejorando?"
    Caddy: "¡Oh, sí señor! Le pasa menos lejos a la pelota cuando falla de lo que solía hacerlo".
6. Golfista: "Caddy, ¿crees que es pecado jugar golf el domingo?"
    Caddy: "La forma en que juega, señor, ¡es un crimen cualquier día de la semana!"

5. Golfista: "Esa no puede ser mi pelota. Parece demasiado vieja".
   Caddy: "Ha pasado mucho tiempo desde que empezamos, señor".
4. Golfista: "¿Crees que puedo llegar con un hierro 5?".
   Caddy: "Eventualmente".
3. Golfista: "He jugado muy mal todo el día; Creo que me voy a ahogar en ese lago".
   Caddy: "Dudo que puedas mantener la cabeza baja tanto tiempo".
2. Golfista: "Este es el peor curso en el que he jugado".
   Caddy: "Pero este no es el campo de golf... Lo dejamos hace una hora, señor".
1. Golfista: "Debes ser el peor caddie del mundo".
   Caddy: "No lo creo, señor... Eso sería una gran coincidencia.

Marshall Goldsmith escribe: "Las personas exitosas solo tienen dos problemas con los comentarios negativos. Sin embargo, son grandes problemas: (a) no quieren saber de nosotros y (b) no queremos dárselos. No es difícil ver por qué las personas no quieren escuchar comentarios negativos. Las personas exitosas son increíblemente delirantes acerca de sus logros. Más del noventa y cinco por ciento de los miembros en los grupos más exitosos creen que se desempeñan en la mitad superior de su grupo. Si bien esto es estadísticamente ridículo, es psicológicamente real. Dar comentarios negativos a las personas significa "demostrar" que están equivocadas. Probar a las personas exitosas que están equivocadas funciona casi tan bien como hacer que cambien. No va a suceder".[47]

---

[47] Marshall Goldsmith and Mark Reiter, *What Got You Here Won't Get You There: How Successful People Become Even More Successful* (New York: Hachette Books, 2014), Kindle Edition, 111.

4. Adquirir aportes de líderes piadosos.

Intencionalmente uso la palabra "adquirir" porque cuesta obtener comentarios. Puede costar dinero, debería costar tiempo y habrá que pagar un precio emocional.

> Pero tú, Timoteo, ciertamente sabes lo que enseño, cómo vivo y cuál es mi propósito en la vida. Conoces mi fe, mi paciencia, mi amor y mi resistencia.
>
> 1 Timoteo 3:10 (NTV)

Pablo le dice a Timoteo que se mantenga alejado del tipo de retroalimentación incorrecta y que esté atento al tipo de retroalimentación correcta.

¿Por qué Cenicienta no era buena para hablar en público? Ella tenía una calabaza como entrenador.

El estudiante piloto y el instructor de vuelo fueron los únicos a bordo del pequeño avión cuando golpeó la pista y rebotó repetidamente hasta que se detuvo. El instructor se volvió hacia el estudiante y le dijo: "Ese fue un aterrizaje muy malo que acaba de hacer". "¿Yo?" respondió el alumno. "¡Pensé que tu estabas aterrizando!"

Marshall Goldsmith descubrió que la mayoría de las personas se sobrevaloran cuando se les pide que se comparen con sus compañeros: "Las personas exitosas se comparan constantemente favorablemente con sus compañeros. Si les pide a los profesionales exitosos que se califiquen con respecto a sus compañeros, el ochenta a ochenta y cinco por ciento de ellos se clasificarán en el veinte por ciento superior de su grupo de pares, y el setenta por ciento se calificará en el diez por ciento superior. Este número aumenta aún más entre los profesionales con mayor estatus social percibido, como médicos, pilotos y banqueros de inversión, el noventa por ciento de los cuales se ubican en el diez por ciento más alto".[48]

Sospecho que los predicadores probablemente también se valoran demasiado a sí mismos.

Aquí hay un extracto del artículo de James Merritt, "Ministry Meltdown". Estaba teniendo problemas en la vida y se comprometió durante un año con un entrenador de liderazgo llamado Fred.

> Fred ha visto cientos de tipos de CEO, y dice que la tasa de éxito es de alrededor del 40 por ciento. El otro 60 por ciento continúa tropezando y, a menudo, termina perdiendo sus empleos y familias. Dijo que la diferencia es la humildad. Aquellos que doblan la esquina y llevan su liderazgo y sus vidas a un nuevo nivel son aquellos que son lo suficientemente humildes como para recibir comentarios y tomarlos en serio.

Para ser más efectivos, necesitamos recibir comentarios, ¡y escucharlos! Hace un tiempo, Lori y yo volamos a Seattle para reunirnos con nuestro futuro yerno, Waison, y mi hija, Tricia. La reunión tenía un propósito: Waison iba a pedir la mano de nuestra hija en matrimonio. Mi hijo menor, Jake, me llamó con un consejo. "Papá, cuando Waison te pregunta si puede casarse con Tricia, resiste el impulso de responder con una broma".

---

[48] Goldsmith and Reiter, *What Got You Here Won't Get You There*, Kindle Edition, 19-20.

Ese es uno de los mejores consejos que he recibido. Y cuando Waison preguntó, no bromeé, solo lloré sin control. Tricia y Waison ahora están casados, y descubro que Jake se siente libre de ofrecerme más y más comentarios.

5. Acceda al manual

Todd Stocker declaró: "Un orador debe abordar su preparación no por lo que quiere decir, sino por lo que quiere aprender".

Pablo termina su sesión de comentarios con esto:

> Toda la Escritura está inspirada por Dios y es útil para enseñarnos lo que es verdad y hacernos darnos cuenta de lo que está mal en nuestras vidas. Nos corrige cuando estamos equivocados y nos enseña a hacer lo correcto. Dios lo usa para preparar y equipar a su pueblo para hacer todo buen trabajo.
>
> 2 Timoteo 3:16-17 (NTV)

Pablo nos recuerda que la mejor respuesta proviene de Dios y su Palabra. ¿Estamos dejando que Dios nos dé su opinión?

> Sé fuerte y muy valiente. Ten cuidado de obedecer toda la ley que mi siervo Moisés te dio; no gire hacia la derecha o hacia la izquierda, para que pueda tener éxito donde quiera que vaya. Mantenga este Libro de la Ley siempre en sus labios; medita en él día y noche, para que tengas cuidado de hacer todo lo

que está escrito en él. Entonces serás próspero y exitoso.

Josué 1:7-8 (NVI)

Es por eso que te recuerdo que avives las llamas del don espiritual que Dios te dio …

2 Timoteo 1:6 (NVI)

La planificación estratégica es la clave de la guerra; Para ganar, necesitas muchos buenos consejos.

Proverbios 24:6 (TMV)

Peter Scazzero admitió: "Después de predicar durante veinticinco años, aquí hay una lección sorprendente: Dios quiere transformar mi alma a través del proceso de preparación del sermón. Note que no dije que Dios quiere transformarme a través de mi sermón o de su Palabra. Creo que eso también sucede, pero a menudo veo predicadores que subestiman lo que Dios puede hacer mientras preparamos el sermón". Scazzero llama a este proceso "El ciclo de vida del sermón". Es un ciclo que sigue un patrón familiar: nacimiento (obtienes la idea del sermón), muerte (luchas por armar el sermón), entierro (empeora), resurrección (lo predicas), ascensión (dejas tu sermón En las manos de Dios).

6. Siempre recoge

El apóstol Pablo comenzó uno de sus sermones de esta manera: "Hombres de Atenas, me doy cuenta de que son muy religiosos en todos los sentidos, ya que mientras caminaba vi sus numerosos santuarios. Y uno de sus altares tenía esta inscripción: 'A un Dios desconocido'. Este Dios, a quien adoras sin saber, es el que te estoy contando" (Hechos 17:22-23, NTV).

Quizás a Pablo se le ocurrió esa introducción en la parte superior de su cabeza, pero considerando su estudio, sospecho que trabajó en las ilustraciones de su mensaje.

Salomón dijo: "Ve a la hormiga, perezoso; ¡considera sus caminos y sé sabio! No tiene comandante, ni supervisor ni gobernante, pero almacena sus provisiones en verano y recolecta su comida en la cosecha"(Proverbios 6: 6-8, NVI).

Haddon Robinson me hizo coleccionar ilustraciones. Mis notas dependían de eso. Así que dejé de coleccionar tarjetas de béisbol y comencé a coleccionar chistes, historias, dibujos animados, extractos de libros, las diez mejores listas, ideas de sermones e iniciadores de series.

Comencé hace más de treinta y cinco años comprando una carpeta de archivos de acordeón. Las pestañas se enumeraron de la A a la Z y yo deslizaría ilustraciones potenciales en los diversos bolsillos. Uno de mis colegas, Dave Timmerman, me preguntó: "¿Qué vas a hacer cuando la carpeta esté llena?" Recuerdo haber pensado: "Eso nunca sucederá..."

La carpeta se llenó, así que me mudé a un archivador de un solo cajón; luego unos dos cajones; luego cuatro cajones; luego múltiples gabinetes de cuatro cajones. Agregué un cuadro de tarjeta de índice de tres por cinco; luego uno más largo; pronto mis ojos se volvieron tenues, no podía leerlos muy bien, así que fui por una caja de hoja índice de cuatro por seis.

Mi oficina comenzó a llenarse. Las ilustraciones se estaban acumulando y creciendo sobre mí. Todo el proceso se volvió más engorroso de lo necesario, así que fui a la recolección electrónica. Tendría un archivo para cada mes. Ahora uso Evernote.com. La disciplina es recolectar diariamente. Rara vez pasa un día en que no pongo alguna historia, cita o broma en mis archivos.

Hemos trabajado eso en nuestros tiempos de entrenamiento. Los miembros del equipo deben venir preparados para compartir al menos una ilustración con el grupo.

La reunión antes de la reunión

En *Leadership Gold: lecciones que aprendí de toda una vida de liderazgo,* John Maxwell dice que el secreto de una buena reunión es la reunión previa a la reunión. Luego sugiere: "Si no puede tener la reunión antes de la reunión, no la tenga".[49]

Un secreto para un buen sermón es la reunión antes de la reunión.

Nuestro equipo de predicadores a menudo se reúne los sábados, donde uno de los puntos de nuestra agenda es tener al orador para el domingo a través del próximo mensaje. Nuestro equipo de predicadores también se reúne siempre los domingos, donde el orador hace un repaso rápido de lo que presentará en el servicio.

Hemos encontrado que los mejores comentarios vienen antes de la presentación.

---

[49] John C. Maxwell, *Leadership Gold: Lessons I've Learned from a Lifetime of Leading* (Nashville: Thomas Nelson, 2008).

Maxwell agrega: "La reunión antes de la reunión te ayuda a evitar que te vean ciego: los buenos líderes suelen ser bastante buenos para saber lo que está sucediendo". Tienen una fuerte intuición de liderazgo. Están conectados con su gente. Usualmente tienen un buen manejo de los intangibles, como la moral, el impulso, la cultura, etc. Pero incluso los mejores líderes pueden perderse algo. A veces, durante la reunión previa a la reunión, la persona con la que están hablando les brinda información o ideas que los ayudarán a evitar cometer un gran error de liderazgo".[50]

También tenemos una reunión entre las reuniones. Entre servicios, el equipo de predicadores se reúne para realizar ajustes en el juego. Le pedimos al orador que comience esta reunión diciéndonos cómo pensaron que lo hicieron. De hecho, "¿Cómo crees que te fue?" Suele ser la primera pregunta.

Quien quiera que esté predicando ese día luego pregunta: "Está bien, dime la verdad. ¿Qué necesito cambiar? ¿Funcionó ese video? ¿Qué tal esa ilustración personal, fue demasiado larga? Ayúdame". ¡Esa simple reunión nos ha mejorado a todos en el equipo al menos con una calificación de letra completa!

Recientemente di lo que consideraba uno de mis mejores mensajes. En serio, pensé que era un ganador. Cuando le pedí a los miembros de mi equipo que me dieran su opinión, uno dijo: "¿Por qué mis mensajes no se pueden juntar así?" Otro dijo: "¡Perfecto!" Luego, otro (mi hijo)

---

50 Ibid.

comenzó: "Primero, debes comenzar diciéndole a la gente que estás enfermo …". Me di cuenta de que ni siquiera había considerado cómo mi resfriado estaba afectando mi entrega del mensaje.

Realmente necesitaba esa entrada.

Como tenemos un tiempo muy limitado (generalmente tenemos 5-7 minutos) cada persona hará sugerencias sobre cómo mejorar la conversación. Si el orador está especialmente desanimado, nos tomamos el tiempo para animarlo, pero sobre todo no hay mucho tiempo para nada más que ajustes. Dado que los miembros de nuestro equipo entienden esto, y hemos trabajado duro para inculcar una actitud de aliento, podemos hacer sugerencias rápidas sin necesariamente expresarlas en un lenguaje florido. Los oradores invitados nos han dicho que sentían que la reunión entre las reuniones puede ser brutal. Tratamos de decir algunas felicitaciones, "¡Buen trabajo!" o "Esa ilustración fue perfecta", pero sobre todo se trata de cambios que deben hacerse para el próximo servicio.

Las dos palabras que faltan

Troy McMahon dice que la clave para el desarrollo del liderazgo se puede encontrar en las dos palabras que faltan.

Cuando pensamos en delegación, capacitación y reproducción, generalmente pasamos por las siguientes etapas:

Lo hago, tu miras.

Lo hago, tu ayudas.

Lo haces, yo ayudo.

Lo haces, yo miro.

Lo haces, alguien más mira.

Esta es la línea de tiempo clásica de desarrollo de liderazgo.

Pero falta algo: las dos palabras.

> Lo hago, mira, discutimos.
> Lo hago, ustedes ayudan, lo discutimos.
> Lo haces, te ayudo, lo discutimos.
> Lo haces, veo, discutimos.
> Lo haces, alguien más mira, discutimos.

¡La reunión después de la reunión podría ser tan importante como cualquier parte de la reunión!

En su libro *What Got You Here Won't Get You There*, Marshall Goldsmith llama a estas reuniones de retroalimentación, prealimentar: "Les enseño el milagro de la retroalimentación, que es mi metodología de 'salsa especial' para obtener consejos de las personas sobre lo que pueden hacer. para mejorar en el futuro".

Howard Hendricks dice: "La experiencia no te hace mejor. Solo la experiencia evaluada te hace mejor".

David Gordon despotrica: "Entonces, ¿por qué las iglesias no realizan rutinariamente revisiones anuales de sus ministros? Porque los ministros no quieren que se les diga que su predicación es desorganizada, difícil de seguir, irrelevante y mal razonada; y porque las iglesias no quieren insultar a sus ministros o herir sus sentimientos (y las iglesias a menudo saben que la revisión tendría algunos aspectos negativos). Por lo tanto, sugiero que la ausencia de revisiones anuales es una prueba evidente de que la predicación es tan mala hoy que nadie, ni el predicador ni el oyente, pueden tolerar la idea de lo doloroso que sería proporcionar una evaluación honesta".[51]

Utilicemos las dos palabras, hablemos de ello.

MINI-CASO DE ESTUDIO:
CONNECT CHURCH, MESA, ARIZONA

El pastor principal David Harris dice: "La gente aprende de una gran variedad de personalidades y estilos diferentes. No todos se conectarán con mi estilo y enfoque. Múltiples voces / estilos nos dan una mejor oportunidad de conectarnos con todo nuestro cuerpo, tanto ahora como en el futuro. Además, me da la oportunidad de invertir más de mí mismo en otras áreas de liderazgo y ministerio".

El equipo planifica en colaboración el calendario de predicación para todo un año. Luego identifican los temas específicos o las escrituras basadas en la experiencia personal y asignan las fechas de predicación de acuerdo con el calendario.

Harris admite: "En el proceso de contratación de personal, uno de los elementos que busco en una persona del personal (niños, estudiantes, grupos, etc.) es el potencial para hablar, aunque no necesariamente se les dice esto por adelantado. Otro filtro es cuán diferentes son de mí estilísticamente.

"La enseñanza en equipo permite que nuestra iglesia escuche y aprenda de múltiples voces y estilos. Muestra

---

51 Gordon, *Why Johnny Can't Preach*, Kindle Edition, Locations 291-296.

una humildad voluntaria por parte del pastor principal. Como pastor principal, también me libera para dedicar más tiempo a iniciativas y asuntos de liderazgo, así como a concederme descanso mental, lo que refresca mi creatividad".

Connect Church se esfuerza por tener al menos tres oradores en el equipo. Harris ha desarrollado un curso de oratoria pública y dinámica de la comunicación que enseña en universidades, seminarios y conferencias. Incluso aquellos que hacen anuncios pasan por el curso. El equipo también se sienta con el orador de la semana, junto con todo el equipo docente, y repasan el video del domingo ("Al igual que lo haría un cuerpo técnico de la NFL").

Harris dice que las desventajas de la enseñanza en equipo son mínimas, pero incluyen que el líder no llegue a predicar con la frecuencia que le gustaría; el riesgo de que un orador menos calificado no lo haga bien y que las personas respondan negativamente; y, dependiendo de la edad / generación de la iglesia, algunos de los "veteranos" sienten que el pastor principal no está haciendo su trabajo.

EL GRAN RETO:

Establezca un tiempo antes de que comience cada servicio para que los miembros del equipo de predicación se reúnan con el orador ese día para brindar comentarios y animo de última hora. ¡No te olvides de orar!

CAPÍTULO 13

LUCHA A TRAVÉS DEL FRACASO

Ganas un poco, pierdes un poco y destruyes un poco.
—Dale Earnhardt

El dolor es parte del camino.
—Brad Stevens, entrenador de los Boston Celtics

Si no estaba cometiendo errores, no estaba tomando decisiones.
—Robert Wood "General" Johnson II de Johnson & Johnson

He cometido muchos errores de predicación. El primer sermón que di, mi entonces prometida, Lori, estaba en la audiencia y le pregunté cómo le fue. Ella dijo: "Fue difícil saberlo porque el chico detrás de mí estaba roncando muy fuerte". ¡Desearía haber inventado eso!

Una vez comencé un mensaje diciendo: "Cerremos en oración". Quizás mi subconsciente sabía que era un mal mensaje. Una vez estaba tan lleno de medicamentos para el resfriado que me fui de mi mismo justo en el medio de mi charla.

Al regresar de vacaciones una vez, llamé al orador invitado que había programado para predicar mientras estaba fuera y pregunté cómo fue.

"¿No has oído?" el respondió.

"Eres la primera persona con la que he contactado", admití.

"Bueno", dijo, "fue corto". Explicó que tan pronto como se adelantó para predicar, sintió una repentina necesidad de vomitar y vomitó en el escenario, dos veces. La iglesia fue despedida temprano ese día.

Otro orador invitado que programé en realidad se cayó del escenario al piano cuando estaba haciendo un punto.

En su libro *The Art of the Pitch*, Peter Coughter dice: "En las encuestas de opinión pública, cuando se les pregunta cuál es su mayor temor personal, los estadounidenses clasifican a los oradores públicos como el número uno. Número uno: antes de la muerte. Eso es bastante sorprendente cuando lo piensas por primera vez, pero después de un tiempo comienza a tener sentido. Todos tenemos miedo de avergonzarnos frente a un grupo de personas, de hacernos tan tontos de nosotros mismos que nunca lo superaremos. De estar desnudo mientras todo el mundo lleva ropa. Mientras que podemos irnos en silencio solos y morir. Nadie tiene que estar cerca. Es simple, acaba de terminar. Pero hablar frente a un grupo de otros seres humanos, ahora eso es realmente aterrador. Realmente no pretendo dar vueltas sobre un tema tan pesado como morir, pero eso es lo que indica la investigación. Supongo que es ahí donde se originó el término "un destino peor que la muerte".[52]

Todos cometemos errores cuando se trata de predicar. Pero tal vez ningún error fue tan atroz como el que cometió el apóstol Pablo:

---

52 Coughter, *Art of the Pitch*, Kindle Edition, 77-78.

> El primer día de la semana, nos reunimos con los creyentes locales para compartir la Cena del Señor. Pablo les estaba predicando, y como se iba al día siguiente, siguió hablando hasta la medianoche. La habitación de arriba donde nos encontramos estaba iluminada con muchas lámparas parpadeantes. Mientras Paul hablaba una y otra vez, un joven llamado Eutico, sentado en el alféizar de la ventana, se sintió muy somnoliento. Finalmente, se quedó profundamente dormido y dejó caer tres historias a su muerte a continuación.
>
> Hechos 20:7-9 (NTV)

Pablo predicó tanto tiempo que un joven terminó durmiendo y muriendo.

He cometido muchos errores al predicar, pero no he hecho que nadie se duerma y muera.

Gary Millar admite en su libro, *Salvando a Eutico*: "Pero el punto humillante que queremos hacer es que lo que le tomó a Pablo muchas horas de hablar para lograrlo, una siesta casi fatal, nos lleva a la mayoría de nosotros solo unos minutos hablar con un buen descanso y multitud con cafeína en un domingo".

La historia de la muerte de Eutico podría haber sido tan debilitante para Paul. Podría haber renunciado, podría haber concluido que no tenía un don para predicar. Podría haberse vuelto contra la predicación. Pero él no hizo ninguna de esas cosas.

Pablo bajó, se inclinó sobre él y lo tomó en sus brazos. "No te preocupes", dijo, "¡está vivo!" Luego,

> todos volvieron arriba, compartieron la Cena del Señor y comieron juntos. Pablo continuó hablando con ellos hasta el amanecer, y luego se fue. Mientras tanto, el joven fue llevado a casa vivo y bien, y todos se sintieron muy aliviados.
>
> Hechos 20:10-12 (NTV)

Pablo luchó a través del fracaso, como predicador y líder.

> Juan Marcos estaba con ellos como su ayudante.
>
> Hechos 13:5 (NTV)

> Pablo y sus compañeros navegaron a Perge ... donde Juan Marcos los dejó para regresar a Jerusalén.
>
> Hechos 13:13 (NTV)

El desarrollo del liderazgo es difícil. Juan, también conocido como Marcos, solo duró ocho versos con Bernabé y Pablo. Estoy seguro de que se vieron agravados por su deserción.

Más tarde, Pablo declara:

> Todos me abandonaron ...
>
> 2 Timoteo 4:16 (NTV)

Creo en la enseñanza en equipo. Nuestra iglesia y nuestras grupos han visto un gran éxito con ella. Pero no piense ni por un segundo que no hemos tenido nuestra parte de fracasos.

No todos los que comienzan nuestro proceso de capacitación de predicación terminan. Algunos renuncian porque en realidad implica trabajo. Algunos se dan cuenta de que la enseñanza no está en su mezcla de regalos. Hemos tenido suficientes candidatos con algún tipo de trastorno de apego emocional que cuando nos mudamos más cerca, se mudaron de inmediato.

No todos en nuestro equipo de predicadores tienen éxito. Hemos visto a algunos predicadores ir y venir. Una persona era lo suficientemente amable y dotada, pero simplemente no podía hacer ningún "ajuste en el juego", o realmente, simplemente no haría *ningún* ajuste. Le daríamos retroalimentación y él asentiría y estaría de acuerdo y verbalizaría que cambiaría, pero nunca lo hizo. El suyo fue un disparo emocional. Ya no está con nuestra iglesia.

Solomon sugirió que trabajar con personas no será fácil:

> Sin bueyes, un establo se mantiene limpio, pero se necesita un buey fuerte para una gran cosecha.
> Proverbios 14:4 (NTV)

Su establo no permanecerá limpio si mantiene bueyes en él. Si quieres una vida limpia y sin preocupaciones, predicar no es para ti. Tampoco está trabajando con un equipo. Pero si quieres causar un impacto, espera que los bueyes estropeen un poco. ¡Y tenga en cuenta que a veces el desorden de bueyes se parece mucho al desorden del equipo de predicadores!

No todos los miembros de nuestro equipo de predicadores pegan un jonrón cada vez. Admito que hubo un par de veces cuando me senté a escuchar a alguien en nuestro equipo hablar, y pensé: "Esto no está bien. Se supone que nuestra enseñanza es mejor que esto". A veces parece que hemos olvidado todo lo que hemos aprendido.

Margaret Thatcher expresó: "Puede que tenga que luchar una batalla más de una vez para ganarla".

¿Cómo podemos mirar más allá de los fracasos?

Primero, *aprecie el valor de fallar*. Sobreestimamos el evento y subestimamos el proceso.

Sospecho que el largo mensaje de Pablo en Troas podría haber sido su mejor sermón. Hizo que alguien muriera y volviera a la vida en medio de su charla. Eso es bastante memorable.

Michael Jordan dice que realmente no puedes ganar hasta que hayas perdido.

Un artista de circo admitió una vez: "Una vez que sabes que la red de abajo te atrapará, dejas de preocuparte por la caída. De hecho, aprendes a caer con éxito. Lo que eso significa es que puedes concentrarte en atrapar el trapecio que se balancea hacia ti y no caer, porque las caídas repetidas en el pasado te han convencido de que la red es fuerte y confiable cuando caes … El resultado de caer y ser atrapado por el net es una misteriosa confianza y audacia en el trapecio. Te caes menos. Cada otoño te permite arriesgarte más".

> Dios ha ordenado que nuestra predicación se vuelva más profunda y más provechosa a medida que nos hundamos, nos humillemos, y seamos humillados y dependamos desesperadamente de la gracia por las pruebas de nuestras vidas.
>
> —John Piper

Lo que me dije es que tengo que disfrutar la ansiedad. Disfruta lidiando con las pérdidas. Disfrute lidiando con una amarga decepción, porque hay millones de personas a las que les gustaría estar donde estoy, sentir lo que estoy sintiendo, incluso en mi peor día, y con gusto intercambiarían lugares conmigo. Entonces, pase lo que pase, por malo que se sienta, aprecie el hecho de que es parte del deporte. Sepa que lo va a sentir, o no haga deporte.
—John Calapari, entrenador de baloncesto,
Jugadores primero

Jason Leister escribió: "El viaje es mucho más productivo si aprendes a desarrollar gratitud por el proceso. ¿Cuál es más gratificante? ¿Ver a un niño caminando o ver a un niño aprender a caminar? Mi elección es la última. Tienes la oportunidad de ver CRECIMIENTO frente a tus ojos. Los puntos finales significan mucho menos que el viaje que ocurre en tiempo real".[53]

Segundo, *no te tomes el fracaso personalmente.*

¿Has oído hablar del tipo que dejó de ir a los partidos de fútbol? Cada vez que se reunían, él pensaba que estaban hablando de él.

"Espero que no se lo haya tomado personalmente, Pastor", dijo una mujer avergonzada después de un servicio religioso, "cuando mi esposo se fue durante su sermón".

"Lo encontré bastante desconcertante", respondió el predicador.

---

53 Jason Leister, *The Incomparable Expert* (blog), http://www.incomparableexpert.org/.

"No es un reflejo de usted, señor", insistió el feligrés. "Ralph ha estado caminando dormido desde que era un niño".

Un hombre toca el piano suavemente una noche en un bar del centro. Entra un elefante que se acerca al pianista y de repente comienza a llorar. "Allí, allí", dice el pianista "¿Reconoces la canción?" "No, no", dice el elefante "Reconozco las tonos".

Larry Anderson, ex lanzador de béisbol de Grandes Ligas, dijo: "Si al principio no tienes éxito, el fracaso puede ser lo tuyo".

Sería natural para mí, o para nuestro equipo, personalizar cada falla y cada error. Podía desanimarme cada vez que uno de nuestros veinteañeros no se presentaba a una reunión del equipo de predicadores.

Mire lo que le sucedió al apóstol Pablo cuando predicaba en Listra:

> Luego llegaron algunos judíos de Antioquía e Iconio y ganaron a la multitud a su lado. Apedrearon a Pablo y lo arrastraron fuera de la ciudad, pensando que estaba muerto.
>
> Hechos 14:19 (NTV)

Aquí vemos otro fracaso en la predicación en la vida de Pablo. La multitud arrojó piedras a Pablo hasta que pensaron que estaba muerto.

> Pero cuando los creyentes se reunieron a su alrededor, él se levantó y regresó a la ciudad.
>
> Hechos 14:19-20 (NTV)

John Hagee afirma: "Pablo nunca desarrolló una actitud negativa. Levantó su cuerpo ensangrentado de la tierra y regresó a la ciudad donde casi había sido lapidado, y dijo: "Oye, sobre ese sermón que no terminé de predicar, ¡aquí está!"

H. Stanley Judd aconsejó: "No desperdicies energía tratando de ocultar el fracaso. Aprenda de sus fracasos y pase al próximo desafío. Está bien fallar. Si no estás fallando, no estás creciendo".

Scott Alexander en *Rhinoceros Success* nos recuerda: "Afortunadamente para ti, tienes esa piel de rinoceronte de dos pulgadas de grosor. Su piel es tan gruesa que apenas siente los disparos. Sí, eres un rinoceronte y puedes soportar muchas adversidades. Casi disfrutas recibir los golpes porque sabes que te está endureciendo. Cuanto más exitoso te conviertes en un rinoceronte, más grandes son los torpedos que te disparan. Está bien, eres un rinoceronte de piel gruesa, loco y carnoso, y los torpedos se acabarán antes de que vuelvas a ser una vieja vaca perezosa en el pasto. ¡Sigue adelante!

Tercero, *convertir el fracaso en una lección.*

Un hombre exitoso es aquel que puede poner una base firme con ladrillos que otros le han arrojado.

> Estaba caminando por la Quinta Avenida hoy y encontré una billetera, y la iba a guardar, en lugar de devolverla, pero pensé: bueno, si perdiera ciento cincuenta dólares, ¿cómo me sentiría? Y me di cuenta de que me gustaría que me enseñaran una lección.
>
> —Emo Philips

Fallar rápido. No tengas miedo de probar cosas. No tengas miedo de experimentar. Falla rápido y corregiremos. Así es como realmente podemos descubrir quiénes somos como individuos y como equipo.
—John Calipari, *Jugadores Primero: Entrenando desde adentro hacia afuera*

Tuvimos un período de seis a ocho semanas en el que el proyector de nuestra iglesia no funcionaba correctamente. Después de la primera semana que reemplazamos el proyector, todavía estaba en mal estado. Lo reemplazamos de nuevo, todavía funcionaba. Reemplazamos todo el cableado y las computadoras que lo alimentaban, y no cooperaba. Después de sentirse totalmente frustrado con todo el episodio, el equipo de predicadores se dio cuenta de que esta era al menos una oportunidad para trabajar en la presentación sin diapositivas de proyección. Tan pronto como abrazamos la lección, el proyector comenzó a funcionar nuevamente.

Y cuarto, *poner el fracaso en perspectiva.*

Pienso en el ministro al que se acercó después del servicio una señora que dijo: "Pastor, fue un sermón muy, muy largo". La esposa del pastor intervino y dijo: "En realidad, cronometré ese sermón, y no fue muy largo". El pastor se sintió mejor hasta que su esposa concluyó: "Solo pareció muy, muy largo".

Una niña se puso inquieta mientras el sermón del predicador se prolongaba. Finalmente, se inclinó hacia su madre y le susurró: "Mami, si le damos el dinero ahora, ¿nos dejará ir?"

Allan Cox observó: "Los triunfadores exhiben una actitud de expectativa. Esto se muestra con más fuerza en la forma en que minimizan sus pérdidas. No se lamentan por el fracaso de lo que pudo haber sido. Más bien, el triunfador mira a la vuelta de la esquina en anticipación de las cosas buenas que le esperan. Él cree que todo lo que tiene que hacer es mostrar la determinación de llegar allí. Rechaza la noción de "no puedo". Como resultado, es capaz de abrir más puertas que otros, llegar a mejores acuerdos y atraer a más personas enérgicas e ingeniosas para trabajar con él. Establece estándares más altos y consigue que otros lo ayuden a cumplirlos. Se gana la confianza y nutre la vitalidad de los demás. Espera tener éxito ... Vivir la vida expectante es simplemente un acto de buen juicio".[54]

Fallar es parte del proceso. En realidad, puede conducir a cosas buenas.

> Traté de ganar dinero cuando era niño. Tuve un puesto de limonada durante unas seis semanas. No hice dinero. Tuve que quemarlo y cobrar un seguro.
> —Brian Kiley

Quinto, *no dejes que el fracaso te detenga.*
Napoleón Hill, un hombre que dedicó su vida al estudio de personas exitosas, concluyó: "He tenido el privilegio de analizar (grandes personas) año tras año, durante un largo período de años, y, por lo tanto, la oportunidad de estudiarlos a corta distancia. Así que hablo por conocimiento real

---

[54] Allan Cox, *The Making of the Achiever* (Nightingale Conant, 1991).

cuando digo que no encontré calidad, excepto la persistencia, que incluso remotamente sugirió la fuente principal de sus estupendos logros".

Pablo perdió a un compañero de equipo en Juan Marcos. Fue golpeado con rocas y dado por muerto. Incluso hizo que alguien muriera a través de su largo aliento. Pero él siguió adelante.

> Cada sábado se encontraba a Pablo en la sinagoga, tratando de convencer a judíos y griegos por igual. Y después de que Silas y Timothy vinieron de Macedonia, Pablo pasó todo su tiempo predicando la palabra. Él testificó a los judíos que Jesús era el Mesías. Pero cuando se opusieron y lo insultaron, Pablo sacudió el polvo de su ropa y dijo: "Tu sangre está sobre tus propias cabezas, soy inocente. De ahora en adelante iré a predicar a los gentiles".
>
> Hechos 18:4-6 (NTV)

Pablo falló una y otra vez. Pero simplemente se sacudió los efectos nocivos y siguió predicando y liderando.

MINI-CASO DE ESTUDIO:
CENTRAL VALLEY COMMUNITY CHURCH, HARTFORD, DAKOTA DEL SUR

El pastor principal Chris Gorman siempre tuvo al menos dos aprendices pastorales en el personal, y luego contrató a un asociado a tiempo completo. En un momento la iglesia tenía tres miembros del personal y dos ancianos laicos predicando. El pastor principal usualmente hablaba poco más de la mitad del tiempo y la gente del personal hablaba la otra mitad. Los ancianos laicos hablaban una o dos veces al año.

Gorman enumera estas razones filosóficas detrás del enfoque de equipo:

1. Es bueno para la iglesia escuchar múltiples voces.
2. Mantiene las cosas frescas. Cada maestro vino con una perspectiva, experiencia y estilo únicos.
3. Ayuda a evitar que las personas se vuelvan tan dependientes del pastor principal como para ser todo.
4. Prepararse juntos ayuda a lidiar con los puntos ciegos y evita que los maestros graviten siempre hacia los caballos de batalla teológicos.
5. Modela la comunidad a la congregación. Si queremos que las personas estén en comunidad, entonces debe modelarse en todos los niveles de la iglesia, incluida la preparación de sermones.

"Este es más mi estilo personal, pero llegamos a crear un espacio de oficina sin paredes. Todos nuestros escritorios estaban en una habitación y teníamos otra habitación a la que ir si necesitábamos privacidad ", dice Gorman. "La mayoría de las semanas, quien enseñaba haría gran parte del trabajo exegético el lunes. Luego, el miércoles por la mañana, el maestro guiará al equipo a través del texto, señalando los puntos clave, el posible esquema, los acertijos teológicos, y luego hablaríamos sobre una posible aplicación. El viernes hablaríamos a través del servicio en general y una parte de eso fue hablar a través del sermón y dar cualquier comentario. Si era un estudiante que estaba aprendiendo, en realidad enseñaría la lección al personal y le daríamos su opinión. La semana también estuvo plagada de muchas conversaciones no planificadas debido a la proximidad de nuestras oficinas y escritorios".

Central Valley tenía un sistema de entrenamiento claro: "Parte de esto es nuestro entrenamiento para ancianos y luego para aquellos que iban a ser maestros, agregamos entrenamiento de predicación. Todos nuestros ancianos y aprendices pastorales tuvieron que pasar un año en un discipulado intensivo. Esto incluyó la lectura de *The Trellis and the Vine*, *La teología sistemática* de Wayne Grudem y *La teología bíblica* de Michael Lawrence. También tenían que estar sirviendo a la iglesia, orando y buscando vecinos y amigos perdidos, y reclutando a otros dos hombres o dos parejas en las que invertirían en el transcurso del próximo año. Nadie podía hablar el domingo por la mañana que no estaba haciendo discípulos como una forma de vida".

Una desventaja de formar un equipo dice Gorman, "es si el equipo no es muy diverso en edad, experiencias de vida, perspectiva y raza. Dependiendo del equipo, y en particular del líder, puede existir el peligro de pensar en grupo. Es posible que los miembros del equipo no se sientan libres de estar en desacuerdo y desafiarse mutuamente".

Gorman es un gran defensor de la enseñanza en equipo: "Primero, nos hace responsables ante la exégesis fiel de las Escrituras. Segundo, es realmente útil tener una buena aplicación que aborde la diversidad de la congregación, especialmente si nuestro equipo es diverso. Tercero, modela a la iglesia la forma en que queremos que piensen en oración a través de las Escrituras y cómo se aplica a la vida individualmente y en grupo.

EL GRAN RETO:

Recordemos una falla reciente en la predicación. ¿Cuál es una lección que puede aprender del fracaso y cuáles son algunos pasos que puede seguir para evitarlo o crecer? ¿Te sientes valiente? Comparta el fracaso con un amigo y también identifique la lección personal que aprendió al pasar por esa experiencia.

CAPÍTULO 14

AUMENTANDO EL NIVEL DE SEGURIDAD

La gente me mira y dice: "Debes haberlo hecho. Tienes chicas Tienes una gran vida". No es verdad. Me refiero a que quitas la cortina y ves que soy tan inseguro, neurótico, asustado y vulnerable como cualquiera.

—John Stamos

Los ministros como grupo son más resistentes a la revisión anual y las críticas constructivas que cualquier otra profesión que conozco.

—T. David Gordon, *Por qué Johnny no puede predicar*

La inseguridad quiere que hagamos un seguimiento de nuestros fracasos; la gracia ni siquiera los escribe.

—Bob Goff

Mis primeros recuerdos son de mis dos abuelas moviendo sus dedos índices hacia mí, diciendo: "Jimmy, vas a ser el sacerdote de la familia". Así que luché con esta sensación de que Dios tenía un llamado a mi vida. Quizás fue normativo. Le pregunté a mi hermano John y a mi hermano Mike, por separado, en diferentes momentos y en diferentes lugares, la misma pregunta: "¿Alguna vez sentiste que Dios te estaba llamando a ser sacerdote?" Ambos dieron la misma respuesta: "¿Qué te pasa?"

Recuerdo haber luchado con Dios, y finalmente admití: "Nunca puedo levantarme y hablar por ti Dios ... No seré sacerdote ... No ahora ... ¿Tal vez más tarde?"

Entonces hui de Dios. Pero una serie de eventos interrumpidos en mi viaje como Jonás lejos de la voluntad de Dios. En quinto y sexto grado en nuestra escuela católica, los maestros intentaron algo diferente en la clase de Religión. Conectaron el primer dispositivo de grabación de video que experimenté y reprodujeron una versión en movimiento de los Evangelios de Mateo, Marcos y Lucas. Nuestra clase vio la Biblia representada. Fue fascinante e hizo de la religión un tema tolerable.

Cuando estaba en la escuela secundaria, uno de mis tíos y una de mis tías murieron a los pocos días de diferencia. Mi madre pronunció inocentemente: "Siempre sucede de tres en tres". Esa declaración hizo clic en un interruptor dentro de mí. Sin dudarlo, inmediatamente pensé y, lamentablemente, dije: "Esa podría ser la cosa más ridícula que he escuchado. ¡En realidad siempre sucede en unos! Entonces comencé a preguntarme si todo lo que decían mis padres, maestros e incluso sacerdotes era realmente cierto. ¿Qué es doctrina y qué es tradición o superstición?

Unos días después fui al supermercado y compré, entre otros artículos, una Biblia. En privado, me comprometí a leer un capítulo todas las noches. Durante los años siguientes, sin importar lo cansado que estuviese o lo borracho que pudiera haber estado una noche de fin de semana, leí un capítulo en la cama.

La Biblia parecía ser principalmente consistente con lo que estaba escuchando y aprendiendo en mi Iglesia

Católica, escuela y hogar, excepto que la Biblia parecía ser mucho más simple. El evangelio no podría ser *una buena noticia*, ¿verdad? Parecía que la verdad era tan sencilla como ABC: <u>A</u>dmitir que necesito un Salvador; <u>B</u>asado en su muerte y resurrección por mí cree que Jesús me ofrece perdón; <u>C</u>omprométete a seguirlo.

De todos modos, seguí corriendo. Terminé en UCLA sin muchas opciones de vivienda. Entonces me uní a la misma fraternidad (capítulo diferente) de la que mi padre había formado parte cuando estaba en la universidad. Después de trasladar mis pertenencias ese primer día, me di cuenta de que realmente me había unido a la fraternidad de drogas en el campus.

Durante las siguientes semanas y meses, pude ver todo lo que el mundo tenía para ofrecer: el sexo, las drogas, el rock and roll. Recuerdo ir a las fiestas salvajes de la fraternidad, retroceder físicamente y observar: "Estamos haciendo todo lo que nuestra cultura dice hacer y todo es … así que … ¡vacío!"

Un par de hermanos de la fraternidad me invitaron a un retiro con Cru, una organización cristiana para-iglesia. No estoy seguro de por qué acepté ir. Quizás la decadencia de la casa de la fraternidad me empujó a hacer algo para apuntalar mis raíces religiosas. Condujimos hasta las montañas del sur de California y recuerdo haber orado: "Dios, es mejor que me cuides este fin de semana. Después de todo, usted y yo seremos los únicos católicos allí".

El orador habló sobre el amor de Dios. Lo había escuchado un millón de veces antes, pero por primera vez se hundió estratégicamente. "Si Dios realmente me ama, entonces lo que quiere para mí es lo mejor. Entonces, ¿por qué estoy corriendo?"

Durante uno de los tiempos difíciles, uno de mis hermanos de la fraternidad me hizo una pregunta torpemente. Jesús nos dice que el Espíritu Santo nos dará las palabras para decir cuando estamos ayudando a otros, y ese debe haber sido uno de esos momentos, porque la investigación de mi amigo probablemente parecía extraña incluso para él. Preguntó torpemente: "¿Qué pasó en la cruz?"

Esa extraña pregunta me abrió los ojos. De repente me di cuenta de que, si Jesús realmente murió por mis pecados, ¿por qué estaba tan preocupado por el manejo del pecado? ¿Por qué me estaba esforzando? Fui perdonado. Yo era libre En ese momento ore una oración de compromiso con Jesús, dejé de correr y decidí entregar mi vida a Dios.

Los tres muchachos de la fraternidad habíamos subido a la montaña como creyentes nominales, pero nosotros bajamos la montaña como verdaderos hermanos. Al instante, Dios estaba trabajando.

Rápidamente vimos que un buen número de nuestros hermanos de fraternidad comprometieron sus vidas con Dios. Nos convertimos en la fraternidad mitad droga / mitad cristiana en UCLA. Fue realmente incómodo y terriblemente emocionante.

Inmediatamente bajé al Newman Center en el campus totalmente dispuesto a dedicar mi vida al sacerdocio. Los líderes allí exhibieron una sorprendente e inocente falta de conciencia de la Biblia. Me pidieron que dirigiera estudios para ellos el primer día que me presenté. Hmmm? Hablé y hablé con los sacerdotes allí y me convencí con confianza de que mi llamado no era dar mi vida a alguna orden religiosa. Mi llamado fue entregar mi vida a Jesús.

Esa fue una de las primeras veces que experimenté cómo la visión de Dios para mí no siempre es clara en el frente. Cuando doy pasos en obediencia, él revela los siguientes pasos: a menudo, Su voluntad solo se nos da en función de la necesidad de saber.

También me di cuenta rápidamente de que mi inseguridad al hablar en nombre de Dios había sido reemplazada por un claro llamado para darle a conocer.

Jerry Seinfeld bromeó: "Según la mayoría de los estudios, el temor número uno de las personas es hablar en público. El número dos es la muerte. La muerte es la número *dos*. ¿Eso suena bien? Esto significa que para la persona promedio, si vas a un funeral, estás mejor en el ataúd que haciendo el elogio".

¿Por qué tenemos tanto miedo de predicar? Somos inseguros ¿Por qué somos tan reacios a compartir oportunidades de hablar? Somos inseguros.

Brett decidió tomar un descanso del ministerio por una temporada. El estrés de lidiar con líderes de alto drama y alta inseguridad había cobrado su precio. Así que renunció a su rol de asociado y decidió ingresar a una iglesia local donde sería anónimo y podría permanecer tranquilo durante un tiempo. Cuando Brett entró de incógnito en el vestíbulo de la nueva iglesia ese primer estudio bíblico a mitad de semana, alguien lo vio y gritó: "Hola, pastor Brett, pastor Brett, ¿qué está haciendo aquí?" La cubierta de Brett estaba rota. El pastor principal de esa iglesia no pudo evitar escuchar el encuentro. Brett miró a los ojos al pastor. Inmediatamente Brett sintió su desconfianza e inseguridad. "¿Por qué está este chico aquí?" el líder superior debe haber pensado. "¿Está detrás de mi trabajo?" Demasiado para Brett tomando un descanso.

¿Brett estaba paranoico? Harold Finch propuso: "No es paranoia si realmente quieren atraparte".

F. Remy Diederich escribe: "La inseguridad está en el corazón del lado oscuro. La inseguridad alimenta todo tipo de disfunción. He visto a muchos líderes usar su liderazgo para encontrar la cura para su inseguridad. En su opinión, si las personas los siguen, se demostrará a sí mismos y a los demás que son valiosos. La mayoría de los líderes nunca admitirían que esta es su motivación para liderar. Y honestamente, probablemente no lo vean. Pero está ahí. Y es destructivo".[55]

Una señora caminaba por la calle hacia el trabajo cuando vio a un loro en una percha frente a una tienda de mascotas. El loro le dijo: "Hola señora, usted es realmente fea". La furiosa dama irrumpió más allá de la tienda a su trabajo. En el camino a casa, vio al mismo loro y le dijo: "Hola señora, usted es realmente fea". Estaba increíblemente enojada ahora. Al día siguiente, el mismo loro le volvió a decir: "Hola señora, usted es realmente fea". La señora estaba tan molesta que entró en la tienda y advirtió que demandaría a la tienda y mataría al pájaro. El gerente de la tienda se disculpó profusamente y prometió que se aseguraría de que el loro no lo volviera a decir. Cuando la señora pasó por la tienda ese día después del trabajo, el loro

---

[55] "Insecurity Archives," F. Remy Diederich, accessed November 25, 2018, http://www.readingremy.com/tag/insecurity/.

la llamó, "Hola señora". Hizo una pausa y dijo: "¿Sí?" El pájaro dijo: "Ya sabes".

Todos conocemos nuestros problemas, por lo que todos somos inseguros. ¿Cómo podemos elevar nuestro nivel de seguridad?

¿Cómo podemos superar nuestra inseguridad?

Podemos encontrar una respuesta en la historia de conversión del apóstol Pablo en el Libro de los Hechos.

> Pero el Señor dijo: "Ve, porque Saulo es mi instrumento elegido para llevar mi mensaje a los gentiles y a los reyes, así como al pueblo de Israel. Y le mostraré cuánto debe sufrir por el bien de mi nombre".
>
> Hechos 9:15 (NTV)

El llamado de Pablo era predicar a los gentiles, a los reyes y al pueblo de Israel.

Años más tarde, Pablo fue arrestado en Jerusalén y atado con cadenas. Esa es una situación que desencadenaría la inseguridad de cualquiera. Mira cómo el apóstol manejó su inseguridad:

> "Hermanos y padres estimados", dijo Pablo, "escúchenme mientras les ofrezco mi defensa …
>
> "Mientras estaba en el camino, acercándome a Damasco hacia el mediodía, una luz muy brillante del cielo de repente brilló a mi alrededor. Caí al suelo y escuché una voz que me decía: 'Saulo, Saulo, ¿por qué me persigues?'

"'¿Quién eres, señor?', le pregunté.

"Y la voz respondió: 'Soy Jesús el Nazareno, al que estás persiguiendo'. Las personas que estaban conmigo vieron la luz, pero no entendieron la voz que me hablaba.

"Le pregunté: '¿Qué debo hacer, Señor?'

"Y el Señor me dijo: 'Levántate y ve a Damasco, y allí te dirán todo lo que debes hacer'.

"Estaba cegado por la luz intensa y tenía que estar conducido de la mano a Damasco por mis compañeros. Un hombre llamado Ananías vivía allí. Era un hombre piadoso, profundamente dedicado a la ley y bien considerado por todos los judíos de Damasco. Vino y se paró a mi lado y dijo: 'Hermano Saulo, recupere la vista'. ¡Y en ese mismo momento pude verlo!

"Luego me dijo: 'El Dios de nuestros antepasados te ha elegido para conocer su voluntad y ver al Justo y escucharlo hablar. Para que seas su testigo, les cuentes a todos lo que has visto y oído. ¿Que estas esperando? Levántate y bautízate. Lava tus pecados invocando el nombre del Señor'".

Hechos 22:1,6-16 (NTV)

Cuando fue tentado por la inseguridad, Pablo volvió a su llamado.

Algunos capítulos y un par de años después, Pablo todavía estaba en prisión. Se llama al rey para escuchar su caso. Una vez más, esta situación provocaría inseguridad en cualquiera. Mira la respuesta de Pablo:

AUMENTANDO EL NIVEL DE SEGURIDAD

Solía creer que debía hacer todo lo posible para oponerme al nombre de Jesús el Nazareno. De hecho, hice eso en Jerusalén. Autorizado por los principales sacerdotes, hice que muchos creyentes fueran enviados a prisión. Y emití mi voto en contra de ellos cuando fueron condenados a muerte. Muchas veces los castigué en las sinagogas para que maldijeran a Jesús. Me opuse tan violentamente a ellos que incluso los perseguí en ciudades extranjeras.

Un día estaba en tal misión a Damasco, armado con la autoridad y la comisión de los principales sacerdotes. Alrededor del mediodía, Su Majestad, mientras estaba en el camino, una luz del cielo más brillante que el sol brillaba sobre mí y mis compañeros. Todos nos caímos y escuché una voz que me decía en arameo: "Saulo, Saulo, ¿por qué me persigues? Es inútil que luches contra mi voluntad".

"¿Quién eres, señor?" Yo pregunté.

Y el Señor respondió: "Yo soy Jesús, a quien estás persiguiendo. ¡Ahora ponte de pie! Porque me he aparecido para nombrarte como mi sirviente y testigo. Dile a la gente que me has visto y diles lo que te mostraré en el futuro. Y te rescataré de tu propio pueblo y de los gentiles. Sí, te estoy enviando a los gentiles para que abran sus ojos, para que puedan pasar de la oscuridad a la luz y del poder de Satanás a Dios. Luego recibirán el perdón por sus pecados y se les dará un lugar entre el pueblo de Dios, que son apartados por la fe en mí".

Hechos 26:9-18 (NTV)

Pablo recordó su llamado. En el libro de Segunda Corintios, cuando Pablo se enfrentaba a la oposición de falsos maestros en la iglesia, cuando su autoridad estaba siendo disminuida por otros, una circunstancia que suscita inseguridad nuevamente volvió a su llamado.

> De mala gana hablaré de visiones y revelaciones del Señor. Me atraparon en el tercer cielo hace catorce años. Si estaba dentro o fuera de mi cuerpo, no lo sé, solo Dios lo sabe. Sí, solo Dios sabe si estaba en mi cuerpo o fuera de mi cuerpo. Pero sí sé que fui atrapado en el paraíso y escuché cosas tan asombrosas que no se pueden expresar con palabras, cosas que ningún humano puede decir. Vale la pena jactarse de esa experiencia, pero no voy a hacerlo.
>
> 2 Corintios 12:1-5 (NTV)

¿Cómo podemos lidiar con la inseguridad?

1. Reconoce quién es Dios.

Pablo hizo esta pregunta clave:

> ¿Quién eres, señor?
>
> Hechos 9:5 (NTV)

Cuando nos damos cuenta de quién es Dios, estamos en camino de perder nuestras inseguridades.

Bernie May fue misionero en Perú durante más de una década. Su ministerio en la selva amazónica lo obligó a viajar a algunos lugares peligrosos. Otro misionero alentó a Bernie a comprar un arma para protegerse. Así que May aseguró uno, e incluso durmió con él en su hamaca. La pistola le ofreció una sensación de seguridad.

Cuando Bernie regresó a los Estados Unidos, decidió deshacerse del arma. Salió a disparar los cartuchos que habían estado en la pistola durante casi diez años. May apretó el gatillo: hizo clic, luego nada. Apretó el gatillo una y otra vez, clic, clic, clic, pero nada más. Cada casquillo era malo. Bernie May se dio cuenta de que durante una década había tenido una falsa confianza en un arma, cuando todo el tiempo fue realmente Dios quien lo protegió.

Larry Crabb describe la seguridad de esta manera: "Seguridad: una conciencia convencida de ser incondicional y totalmente amado sin necesidad de cambiar para ganar el amor. Amado por un amor que se da libremente, que no se puede ganar y, por lo tanto, no se puede perder".

Cuando nos damos cuenta de que tenemos un Dios que nos ama incondicionalmente, la inseguridad tiende a desvanecerse.

Cuando reconocemos quién es Dios, entendemos quiénes somos.

Al principio de las etapas primarias de las elecciones presidenciales de 1960, el senador John F. Kennedy le dijo a otro senador que había soñado que Dios le había dicho que sería el candidato. El otro senador dijo que era extraño porque tenía el mismo sueño y Dios le había dicho que *sería* el nominado. Los dos senadores contaron su historia de los sueños coincidentes a un colega del Senado, Lyndon Johnson. Según Kennedy, Johnson comentó:

"No recuerdo haber tocado a ninguno de ustedes para el trabajo.

Cuando vemos quién es Dios, nos damos cuenta de que no somos él.

> Este es un dicho confiable, y todos deberían aceptarlo: "Cristo Jesús vino al mundo para salvar a los pecadores", y yo soy el peor de todos.
> 1 Timoteo 1:15 (NTV)

Pablo descubrió quién es Dios y eso lo hizo menos lleno de ego.

De su libro, *Extreme Ownership*, los Navy SEALS Jocko Willink y Leif Babin declaran:

> El ego nubla e interrumpe todo: el proceso de planificación, la capacidad de tomar buenos consejos y la capacidad de aceptar críticas constructivas. Incluso puede sofocar la sensación de auto conservación de alguien. A menudo, el ego más difícil de tratar es el tuyo.
>
> Todos tienen un ego. El ego impulsa a las personas más exitosas de la vida: en los equipos SEAL, en el ejército, en el mundo de los negocios. Quieren ganar, ser los mejores. Eso es bueno. Pero cuando el ego nubla nuestro juicio y nos impide ver el mundo tal como es, entonces el ego se vuelve destructivo. Cuando las agendas personales se vuelven más importantes que el equipo y el éxito general de la misión, el rendimiento se ve afectado y se produce un fracaso.

Muchos de los problemas disruptivos que surgen dentro de cualquier equipo pueden atribuirse directamente a un problema con el ego. Implementar la propiedad extrema requiere controlar tu ego y operar con un alto grado de humildad. Admitir errores, asumir la responsabilidad y desarrollar un plan para superar los desafíos son parte integral de cualquier equipo exitoso. El ego puede evitar que un líder realice una evaluación honesta y realista de su propio desempeño y del desempeño del equipo.[56]

Cuando entendemos quién es Dios, y que no somos Él, el ego desaparece, y también la inseguridad.

2. Reconocer lo que se supone que debemos hacer.

Le pregunté: "¿Qué debo hacer, Señor?" Y el Señor me dijo: "Levántate y ve a Damasco, y allí te dirán todo lo que debes hacer".

Hechos 26:10 (NTV)

Dios llamó a Pablo a predicar: a los judíos, a los gentiles y a los reyes. Y Pablo sabía que debía "… enseñar estas verdades a otras personas confiables que puedan transmitirlas a otros" (2 Timoteo 2: 2, NTV).

---

[56] Willink and Babin, *Extreme Ownership*, 100.

Mark Batterson descubrió que "Dios está en el negocio de la construcción de currículums".

Quizás Dios te ha llamado a la posición de ministerio más prominente en tu ciudad. Quizás te haya llamado a otra cosa. ¡Quizás debas predicar a los reyes! Tal vez usted sea quien predique a un grupo sospechoso de personas que no responden de manera muy diferente a usted y que le disgustan principalmente como a los gentiles. O tal vez se supone que debes llegar a tu propia gente, como los judíos.

John Calvin lo expresó de esta manera: "Casi toda la sabiduría que poseemos, es decir, la verdadera y sólida sabiduría, consta de dos partes: el conocimiento de Dios y de nosotros mismos".

San Agustín una vez oró: "Concédeme, Señor, para que me conozca a mí mismo, para que pueda conocerte a ti".

Steve Macchia dice: "Considera esto también: 'La autoconciencia es nuestra única defensa contra el autoengaño. No importa cómo lo cortes, sin claridad con respecto a nuestra conciencia de uno mismo, no conoceremos completamente al Dios verdadero que nos creó en primer lugar. Y descubrir la verdad acerca de nosotros mismos solo es posible a través de la obra del Espíritu en nuestras vidas … y nuestra voluntad de recibir en oración las aportaciones de los demás'".

En su libro *Discover Your Call and Discover Security*, Stu Streeter pregunta: "¿Estoy haciendo esto porque me han llamado o estoy haciendo esto porque tengo hambre de ambición?"

3. **Haz lo mejor que puedas.**
El entrenador y leyenda del fútbol universitario Lou Holz dice: "La cura para la inseguridad es simple: haz lo correcto".

John Wooden sostuvo: "El éxito es la tranquilidad que es el resultado directo de la autosatisfacción al saber que hizo el esfuerzo de convertirse en lo mejor de lo que es capaz".

¿Has oído hablar del tipo que dejó de ir a los partidos de fútbol? Cada vez que se juntaban, él pensaba que estaban hablando de él.

A veces ese tipo soy yo.

Pude superar mis inseguridades porque el llamado de Dios a mi vida al ministerio fue bastante claro. Cuando reconozco que Dios es grandioso y quiere usarme incluso a mí, me siento humilde y listo para partir.

Pero a veces la inseguridad me supera. He podido resolver muchos de mis problemas reuniéndome con consejeros, entrenadores, amigos de confianza y familiares. Tengo un largo camino por recorrer.

Recientemente fui sacudido por un plantador de iglesias que insistió en que no quería trabajar con nuestra red, y mencionó algunas razones por las cuales. Entre otras razones, afirmó que no creíamos en el ministerio del equipo, y éramos demasiado confesionales: ambos son reclamos espectacularmente ridículos, mal informados y equivocados. Por alguna razón, sus suposiciones fuera de la base me afectaron más de lo que deberían. Tenía muy poca exposición a lo que hacemos, apenas lo conocía, y me tomó más de un minuto sacudirme las acusaciones y dejarlo como un recluta que estaba feliz de perder.

Mi esposa dijo que tenía una teoría, que es el código para "Sé lo que realmente está sucediendo". Ella señaló cómo se había tocado una herida profunda de mi infancia. Me estaban pasando por alto, y eso picó mis inseguridades más profundas.

Tan pronto como Lori me diagnosticó, superé el rechazo. Comprendí por qué estaba inseguro y seguí adelante. Pero el incidente me recordó que las inseguridades son reales, están al acecho en nuestras vidas listas para saltar. Tengo que recordar continuamente quién es Dios y qué me ha llamado a hacer.

Larry Osborne sigue recordándose a sí mismo y a otros líderes de la iglesia: "No tienes nada que demostrar y nadie que impresionar". Simplemente tenemos que hacer lo que Dios nos llama a hacer.

Dan Southerland dice: "La mayoría de los pastores son demasiado inseguros para compartir el púlpito regularmente con un equipo".

Pasemos nuestra inseguridad y abracemos el concepto de equipo.

MINI-CASO DE ESTUDIO:
IGLESIA WESTGATE, SARATOGA, CALIFORNIA

El pastor principal Steve Clifford confesó: "Creo que nuestro equipo de enseñanza nació de mis propias inseguridades. Cuando tomé el cargo de Pastor Principal en Westgate, no estaba seguro de poder llevar la carga de predicar entre cuarenta y cinco y cuarenta y seis semanas por año. Venía de una iglesia donde un tipo era la personalidad predominante que conducía a la iglesia y no quería esto. No creía que predicar fuera mi principal don, el liderazgo lo es. No pensé que fuera muy bueno para hablar. Entonces, les dije a los ancianos que, si me querían, solo predicaría treinta semanas al año. No fue una pregunta estratégica, y no fue una pregunta valiente. Nació de mis propias ansiedades".

Él continúa: "Los ancianos fueron a por ello. Inmediatamente cuando comencé, si estabas en el personal ibas a predicar. Esta cultura significa que subconscientemente buscamos comunicadores, para casi todas las posiciones".

Clifford se describe a sí mismo de esta manera: "Soy como un corredor de la NFL al que todavía le quedan muchos acarreos porque he estado compartiendo la carga con otros miembros del equipo".

Actualmente Westgate tiene alrededor de quince personas que predican regularmente. Clifford habla treinta veces al año. Eso deja veintidós semanas, con tres campus, es decir, otras sesenta y seis oportunidades por año. Con días y días festivos especiales, se acerca a setenta oportunidades por año para otros miembros del equipo.

El equipo de predicadores se reúne los jueves a las 10:30 a.m. El pastor de arte / adoración de la iglesia dirige las reuniones. Cada miembro llega preparado como si estuviera predicando, y el equipo trabaja tres semanas por delante. Clifford admite: "Colectivamente me ha convertido en un mejor predicador".

La iglesia ha aprendido a desarrollar comunicadores. Tienen un equipo profundo. Westgate ha podido plantar dos campus, así como otras iglesias. Han creado una comunidad donde los feligreses no esperan que la palabra de Dios sea traída por una sola persona. "La Palabra de Dios se vuelve realmente increíble cuando la miras desde personalidades: introvertidas / extrovertidas y masculinas / femeninas. El concepto del equipo docente ha traído una verdadera frescura en el ministerio ", dice el pastor principal. "Al principio es más fácil hacerlo todo solo. Desarrollar personas es mucho trabajo, pero vale la pena".

EL GRAN RETO:

Tómese un tiempo prolongado para aclarar el llamado de Dios en su vida. ¿Para qué te está llamando a hacer? Identifique su mayor área de inseguridad cuando se trata de hablar (es decir, parecer tonto, estar equivocado, tener una audiencia demasiado pequeña, no obtener crédito, etc.). Confiese esto a Dios y pídale que le dé la energía, el coraje y la fuerza para hacer lo que está llamado a hacer.

SECCIÓN CINCO

¿DÓNDE?

CAPÍTULO 15

ENCONTRANDO LAS OPORTUNIDADES

Cuando llega la oportunidad, es demasiado tarde para prepararse.
—John Wooden

Si la oportunidad no llama, construya una puerta.
—Milton Berle

Cuando una puerta se cierra, otra se abre; pero a menudo miramos tanto y con tanto pesar la puerta cerrada que no vemos la que se nos abrió.
—Alexander Graham Bell

Durante la primera década que se reunió nuestro equipo de predicadores de Journey Church, intentamos trabajar en nuevos oradores con resultados mixtos. Algunos maestros nuevos encajan perfectamente, pero otros no tanto. Estuvimos juntos durante tanto tiempo y trabajamos con tantos materiales de predicación que parecía abrumador que una nueva persona fuera empujada al equipo y obligada a ponerse al día o mantenerse al día. También nos dimos cuenta de que había otros maestros potenciales en nuestra iglesia.

Así que creamos lo que llamamos "Equipo de enseñanza también". Elegimos cuidadosamente algunas mujeres y hombres que parecían tener un don de enseñanza además de un deseo de desarrollarse. En nuestra primera reunión se presentaron casi una docena de personas. Después de la reunión, uno de los clientes habituales de nuestro equipo de predicadores me hizo la pregunta obvia en privado: "¿Qué vamos a hacer con otros diez oradores en el equipo?" "Esa es una gran pregunta", respondí. No tenía ninguna respuesta, pero sí recuerdo haber dicho algo como "Veamos qué oportunidades nos brinda Dios".

Hemos tratado de operar con dos filosofías de oportunidad.

Filosofía 1: La preparación viene antes que la oportunidad.

Benjamin Disraeli dijo: "El secreto del éxito en la vida es que un hombre esté listo cuando llegue su momento".

Abraham Lincoln resolvió: "Me prepararé y algún día llegará mi oportunidad".

"¿Qué tienes que hacer para convertirte en médico?" la niña de seis años le preguntó a su padre. Su padre, al ver una oportunidad, dijo: "Tienes que hacerlo extremadamente bien en la escuela, tomar muchas matemáticas y ciencias, ingresar a una excelente universidad, obtener las mejores calificaciones posibles, y luego ir a la escuela de medicina y seguir eso con una pasantía. Entonces puedes comenzar tu propia práctica. Cariño, tan inteligente como eres, puedes ser lo que quieras ser". Ella pensó todo esto un momento y luego preguntó: "¿Qué tienes que hacer para ser reina?"

El cine donde se reunió Discovery Church resultó adecuado por el momento, pero sabíamos que no era una solución a largo plazo para las necesidades de las instalaciones de la iglesia. Así que nos embarcamos en una campaña de donaciones que llamamos "Hora de comenzar". No era hora de comprar, ni de construir, ni siquiera de estar insatisfechos con nuestro lugar de reunión actual. Pero era hora de comenzar a prepararse.

Nuestro énfasis llegó el domingo antes del Día de Acción de Gracias cuando le pedimos a la gente que trajera sus ofrendas y promesas adicionales. El domingo después del Día de Acción de Gracias anunciamos los resultados. La promoción fue un gran éxito.

Después del anuncio, varias personas hicieron la pregunta obvia: "¿Qué hacemos ahora? ¿Qué vamos a hacer con este dinero que acabamos de recaudar?"

El equipo de liderazgo en realidad no tenía una respuesta. Solo estábamos tratando de terminar la campaña. Simplemente dijimos: "Oye, disfrutemos las vacaciones y hablemos de lo que vendrá en enero".

El primer lunes de enero recibí una llamada de una iglesia en el área. Me invitaron a tomar un café donde fueron contundentes y al punto: "Nuestra iglesia está en problemas. ¿Asumirías nuestros edificios, nuestros pagos y nuestra gente? Resultó que el dinero que recaudamos era perfecto para esta oportunidad.

Aquí está el principio: Dios se mueve, nosotros nos movemos, Dios se mueve. Dios ya se ha movido. Él ha enviado a su Hijo por nosotros. Es nuestro movimiento. Cuando damos un paso, Dios revela su próximo movimiento.

Oportunidad proviene de la palabra latina *oportunus*. Es una palabra compuesta de *ob*, que significa hacia, y *portus*, que significa puerto o puerto. La definición más simple es moverse hacia un puerto o puerto. Cuando una embarcación se traslada a un puerto, ve el puerto y ve las oportunidades.

Tim Pearring declaró: "La preparación intencional crea una nueva conciencia sobre las oportunidades para usar ese conocimiento y experiencia. Si lo construyes, ellos vendrán".

Filosofía 2: Las oportunidades abundan, simplemente debemos notarlas.

Thomas Edison bromeó: "La mayoría de las personas pierden la oportunidad porque está vestida con un mono y parece trabajo".

Daniel Núñez reveló: "Nunca decimos: 'Hay esta necesidad …'. Decimos: 'Hay esta oportunidad …'"

El director de la funeraria local le pidió a un joven predicador que celebrara un servicio de entierro junto a la tumba en un pequeño cementerio local para alguien sin familiares o amigos. El predicador comenzó a conducir al evento temprano, pero rápidamente se perdió, haciendo varios giros equivocados. Finalmente, media hora mas tarde, vio una retroexcavadora y su tripulación, pero el coche fúnebre no estaba a la vista. Los trabajadores estaban a un lado, comiendo sus almuerzos. El diligente joven pastor fue a la tumba abierta y encontró la tapa de la bóveda ya en su lugar. Sacó su libro de oraciones y leyó el servicio. Sintiéndose culpable por su tardanza, el joven orador predicó un sermón largo y apasionado, enviando al difunto al más allá con estilo. Cuando regresaba a su automóvil, escuchó a uno de los trabajadores decir: "He estado colocando tanques sépticos durante veinte años, pero nunca he visto algo así".

ENCONTRANDO LAS OPORTUNIDADES

¿Dónde encontramos oportunidades para aquellos en nuestro equipo de enseñanza para obtener experiencia en la predicación? Mire las oportunidades en los Hechos de los Apóstoles.

Pablo fue arrestado en Jerusalén y se produjo una escena violenta:

> Cuando Pablo llegó a las escaleras, la multitud se volvió tan violenta que los soldados tuvieron que levantarlo sobre sus hombros para protegerlo. Y la multitud lo siguió, gritando: "¡Mátenlo, mátenlo!"
>
> Hechos 19:35-36 (NTV)

Pablo está siendo amenazado de muerte y su respuesta es asombrosa:

> "Por favor, déjame hablar con estas personas". El comandante estuvo de acuerdo, por lo que Pablo se paró en las escaleras y le indicó a la gente que se callara. Pronto un silencio profundo envolvió a la multitud, y él se dirigió a ellos en su propio idioma, el arameo.
>
> Hechos 19:39-40 (NTV)

Pablo convierte el motín en una oportunidad.

Henry Kaiser observó: "Los problemas son solo oportunidades en la ropa de trabajo".

Unos capítulos más tarde, Pablo usó una audiencia en la corte para compartir su fe:

> El gobernador le indicó a Pablo que hablara …
>
> Hechos 24:10 (NTV)

Eso condujo a más oportunidades:

> Pocos días después, Félix regresó con su esposa, Drusila, que era judía. Enviando por Pablo, escucharon mientras él les contaba acerca de la fe en Cristo Jesús.
>
> Hechos 24:24 (NTV)

Un episodio similar ocurrió con Pablo frente a Festo, su hermana, Bernice y el rey Agripa:

> Agripa lo interrumpió. "¿Crees que puedes persuadirme para que sea cristiano tan rápido?"
>
> Hechos 26:28 (NTV)

En medio de un naufragio vemos a Pablo aprovechando la oportunidad para hablar:

> ¡Así que ten valor! Porque yo le creo a Dios.
>
> Hechos 27:25 (NTV)

Albert Einstein fue citado, "En medio de la dificultad se encuentra la oportunidad".

Cuando Pablo llegó a Roma como prisionero, utilizó la intriga sobre sus cadenas como una oportunidad para predicar:

Así que se fijó un tiempo, y ese día una gran cantidad de personas acudieron al alojamiento de Paul. Explicó y testificó sobre el Reino de Dios e intentó persuadirlos sobre Jesús de las Escrituras.
Hechos 28:23 (NTV)

El Libro de los Hechos termina así:

Durante los siguientes dos años, Pablo vivió en Roma a sus expensas. Dio la bienvenida a todos los que lo visitaron, proclamando con valentía el Reino de Dios y enseñando acerca del Señor Jesucristo. Y nadie trató de detenerlo.
Hechos 29:30-31 (NTV)

Pablo no parecía preocuparse por la falta de oportunidades. En cambio, usó cada ocasión para predicar.

Sí, vivimos bajo un peligro constante para nuestras vidas porque servimos al Señor, pero esto nos brinda oportunidades constantes para mostrar el poder de Jesucristo.
2 Corintios 4:11 (TLB)

Pedro hizo lo mismo:

Pedro vio su oportunidad y se dirigió a la multitud.
Hechos 3:12 (NTV)

En nuestra iglesia, hemos utilizado las siguientes ocasiones para brindarles a los miembros de nuestro equipo de predicadores oportunidades de enseñanza:

Primero, tenemos posibles miembros del equipo que hacen una presentación durante nuestros tiempos reales de capacitación de predicadores. Hemos creado una oportunidad de predicación algo artificial. Pedimos a los estudiantes que se preparen, vengan vestidos como si estuvieran hablando en un servicio real, suban al escenario y nos den su mejor presentación. Es desalentador predicar a un pequeño grupo de personas, cuya tarea principal es dar retroalimentación sobre su mensaje. Pero es una gran herramienta de entrenamiento.

Segundo, nuestro enfoque ha sido pedirles a los posibles oradores que hagan cinco minutos durante un sermón del domingo. O los alistamos para predicar un punto. El pastor principal o un miembro experimentado del equipo puede abrirse, hacer la presentación, establecer la necesidad y luego hacer que la nueva persona hable durante sus cinco minutos. Luego, el líder puede regresar y atar las cosas, y recuperar el mensaje si es necesario. El enfoque de cinco minutos hace que otras personas se expongan.

Honestamente, casi todos los sermones se prestan a que alguien agregue un breve testimonio, historia, entrevista o punto al mensaje.

Tercero, hemos usado los domingos en "T" para entrenar a nuestros oradores. Me gusta calificar los domingos o fines de semana en una calificación A, B, C ... Los domingos "A" son los días *asombroso*, como Pascua, domingo de Navidad y víspera de Navidad, tal vez una o dos veces en

ENCONTRANDO LAS OPORTUNIDADES

el otoño o la primavera, esos días raros y naturales de alta asistencia. "B" significa *buenisimo* días. Los buenos días de otoño, primavera o primer año del año en que la gente podría estar más abierta a asistir a la iglesia. "C" significa *catastrofico*. Seamos realistas, hay algunos días de inactividad en el ministerio (verano, principios de diciembre) en los que ir a la iglesia no es lo primero en lo que piensa la gente. Y luego "D" significa *desocupado*. Ya conocen los domingos "D": los domingos del Día de los Caídos y del Día del Trabajo, el domingo después de Navidad, los dos domingos intercalando el 4 de julio (creo que el 5 de julio es el peor día para la iglesia porque todos en nuestra cultura se duermen hasta altas horas de la noche celebrando).

Hace unos años hicimos un cambio. Cambiamos "D" a "E" para los domingos de *entrenamiento*. Ahora usamos esos días terribles para que otras personas tengan experiencia en el ministerio. Por lo tanto, si solo vienen doce personas de todos modos, deje que hable el novato; lo tomarán en serio, y si es un desastre, no hay problema, ¡no había nadie allí para verlo!

No tuvimos que cambiar las letras. Craig Groeschel pastorea la iglesia más grande de los Estados Unidos, Life Church en Oklahoma. Él dice: "Hacemos lo que llamamos" fines de semana de desarrollo". La mayoría de nuestras iglesias tienen de seis a siete servicios, cada pastor local puede elegir diferentes oradores para sus servicios. Entonces, si un campus tiene ocho servicios, podríamos elegir cuatro oradores: todos obtendrán dos servicios. En nuestro último tuvimos alrededor de ochenta oradores. A la iglesia le encantó. Lo que era realmente valioso era antes de los servicios que todos predicaban el uno al otro, por lo que aprendieron a recibir comentarios, a dar comentarios. ¿Alguno de los ochenta oradores estaba listo para predicar a todas nuestras iglesias al mismo tiempo? Probablemente no, pero estaban listos para hablar en uno o dos servicios.

Cuarto, usamos otros ministerios de la iglesia para entrenar oradores. Nuestro servicio juvenil presenta una parte para hablar en el escenario. A nuestro pastor juvenil le gusta trabajar en otros oradores con bastante regularidad, por lo que este es un gran paso para un maestro en entrenamiento.

Quinto, enviamos nuestros oradores a otras iglesias. Ofrecer a nuestro equipo "suministros para el púlpito" es una forma maravillosa de ayudar a otras iglesias, así como un ingrediente clave para dar más experiencia a nuestro equipo.

> Sí, vivimos bajo un peligro constante para nuestras vidas porque servimos al Señor, pero esto nos brinda oportunidades constantes para mostrar el poder de Jesucristo.
>
> 2 Corintios 4:11 (TLB)

Sexto, nos hemos mantenido abiertos a la reproducción.

Nuestra iglesia está comprometida a reproducirse, en los campus y al iniciar otras iglesias. Reconocemos que parte de lo que hacemos en nuestra capacitación docente es el desarrollo del liderazgo para una futura expansión.

Intentamos prepararnos primero y luego ver las oportunidades. Pero a veces la oportunidad es lo primero.

Esa noche, Pablo tuvo una visión: un hombre de Macedonia en el norte de Grecia estaba parado allí, suplicándole: "¡Ven a Macedonia y ayúdanos!" Así que decidimos partir a Macedonia de inmediato, luego de concluir que Dios nos estaba llamando a predicar las Buenas Nuevas allí.

Hechos 16:9 (NTV)

En su libro *Oportunidad*, Eben Pagan escribe:

La oportunidad enciende el deseo. Instantáneamente. En un nivel primario. Coopta nuestra maquinaria biológica y la enfoca en un objetivo, al tiempo que activa potentes fuerzas de motivación. La oportunidad, por lo tanto, es la forma de "aprovechar usted mismo". Es la forma de motivarte para tomar medidas y alcanzar tus objetivos. Pero puede hacer mucho más. La oportunidad no se trata solo de un oportunismo superficial o de adquirir las cosas que quieres. También se trata de un aspecto único de ser humano: la necesidad de convertirse en la mejor versión posible de usted mismo.

Cuando descubres una oportunidad para vivir tu propósito, hacer lo que tú solo puedes hacer en este mundo ... ser algo más de lo que creías posible ... todo cambia. Mi esposa Annie dice: "La oportunidad es cómo Dios te corteja". Algo espiritual está sucediendo cuando entras en contacto con tu potencial superior. Si desea inspirarse, esforzarse, energizarse y recurrir a su motivación más alta, entonces póngase en un flujo constante de oportunidades de alta calidad, en los dominios clave de su vida. Si quieres invocar la versión más alta de ti mismo, construye una vida de oportunidades cada vez mejores.

El apóstol Pablo estuvo de acuerdo:

> Así que ten cuidado de cómo vives. No vivas como tontos, sino como los sabios. Aproveche al máximo cada oportunidad en estos días malvados.
> Efesios 5:15-16 (NTV)

MINI-CASO DE ESTUDIO:
KENSINGTON COMMUNITY CHURCH, TROY, MICHIGAN

Clint Dupin se desempeñó como pastor principal del campus de Kensington en Birmingham. Clint describe la filosofía de enseñanza en equipo transmitida por el fundador y líder de la Iglesia, Steve Andrews: "La enseñanza en equipo proporciona más perspectivas y una visión más profunda. Descubrimos que ciertas personas tenían mucho más conocimiento y experiencias personales con ciertos temas. También había razones muy prácticas para un equipo: más eficientes, especialmente cuando llegaba el momento. En lugar de sentarte solo en una habitación durante diez horas tratando de descubrir de qué ibas a hablar, podrías generar ideas y comenzar a establecer puntos y fluir".

La iglesia tenía dos equipos diferentes. El primer equipo estaba compuesto por ocho, con hombres y mujeres. El segundo equipo fue liderado por los ocho. Entonces cada líder era responsable de reclutar y entrenar a sus propios equipos.

Se animó a los pastores principales a hablar no más del sesenta por ciento del año.

"Era importante encontrar personas con un obvio don de enseñanza", dice Dupin. "Un aspecto realmente importante que veríamos era si valía la pena seguirlos. ¿Tenían la repisa de liderazgo? ¿Sabían cómo proyectar una visión? A menudo comenzábamos a verlos salir a la superficie en entornos más pequeños ... como liderar un equipo (grupo pequeño, equipo de servicio, viaje misionero). También desarrollaríamos nuestro personal actual del ministerio estudiantil".

Para el entrenamiento, la iglesia utiliza libros de predicación de Ken Davis y Andy Stanley. También se pidió a los posibles oradores que intentaran organizar un servicio o saludar a la multitud al principio. Hubo entrenamiento práctico también. "Esculpíamos tiempos de entrenamiento de dos horas durante la semana y dejábamos que cada uno de ellos hablara durante diez a quince minutos y dejábamos que el equipo los criticara y los alentara".

Clint promociona las ventajas de la enseñanza en equipo como: "Diversidad, bien redondeado, lucha contra la mentalidad de la estrella del rock, descanso, más dones exhibidos, diferentes tipos de personalidad celebrados y ajuste de comunicador de tema: ciertas personas tienen mucha más experiencia hablando sobre un tema determinado".

Dupin admite que puede haber un inconveniente: "Demasiadas voces, sentimientos heridos, poner a alguien que no tiene el don o que no está listo, o no hacer coincidir un tema con la persona adecuada".

EL GRAN RETO:

Evalúe su ministerio actual y busque cualquier área de oportunidades potenciales para involucrar a más personas para hablar. En este punto, no descarte ninguna idea. Pregúnteles a sus amigos en otras iglesias qué están haciendo para inspirarse.

CAPÍTULO 16

NO PASES POR ALTO MALTA

La mayor parte del trabajo pastoral se lleva a cabo en la oscuridad, descifrando la gracia en las sombras, soplando sobre las brasas de una vida dura.

—Eugene Peterson

La mejor preparación para mañana es dar lo mejor de ti hoy.

—H. Jackson Brown Jr.

Puede que no vaya a ninguna parte, pero qué paseo.

—Shaun Hick

La práctica de bateo acababa de terminar, y había una ventana de veinte minutos antes de que los jugadores de Independent Western League Solano Steelheads tomaran práctica en el cuadro, así que reuní al equipo en el banquillo para un servicio corto en la capilla. Nos demoramos en comenzar porque la música previa al juego sonaba tan fuerte en los altavoces del estadio que nadie podía mantener una conversación. Rastreé al chico a cargo de la música previa al juego y le pregunté amablemente si bajaría el volumen para que pudiéramos dirigir la capilla. Él solo comenzó a mirarme. En realidad, no dijo nada, pero la expresión de su rostro comunicaba: "Oye, yo tengo dieciséis años a cargo del volumen del altavoz y tú eres solo un capellán, así que te supero". Después de mirarme, se alejó. Frustrado, le pregunté a mi amigo Gary Wilson, el entrenador de lanzadores del equipo y ex jugador de Grandes Ligas, si podía manejar la situación. Gary apagó la música para nuestro beneficio. Prediqué, subí al auto y pensé: "¡No necesito esto!" Luego conduje a casa y nunca he dirigido otro servicio en la capilla de béisbol desde entonces.

He predicado en muchos entornos de béisbol: refugios, casas club, cajas de lujo, cajas de prensa, estacionamientos e incluso en el campo. He hablado en servicios en funerarias, en tumbas, en patios delanteros, patios traseros, salas de estar, comedores, dormitorios y en botes de la Sociedad Neptuno, con y sin enfermedad de mareo. He predicado en bodas en campos, graneros, parques, estaciones de bomberos, clubes náuticos, clubes de campo, salones de baile, salas de banquetes y centros de conferencias de hoteles. He hablado en bautizos en lagos, ríos, embalses, piscinas, jacuzzis, spas y océanos: ¡el océano es más ruidoso de lo que pensaba!

Como plantador de iglesias, preparé escenarios y hablé en teatros, escuelas, centros comunitarios, restaurantes abiertos, restaurantes cerrados, bares abiertos, ¡sin un bar abierto! – y bares cerrados. He predicado en guarderías, YMCA, centros de artes escénicas, cafeterías, gimnasios, e incluso he hablado en todo tipo de edificios de iglesias. Una plantación de iglesia que dirigí se reunió en un hotel. Utilizamos la sala de conferencias para la sesión principal, el ministerio de niños se reunió en diferentes suites de hotel, la secundaria se reunió en la pizzería de al lado, y los estudiantes de secundaria se reunieron en la carnicería al otro lado del estacionamiento.

He hablado afuera debajo de un árbol, debajo de una carpa y no debajo de una carpa. Una vez que mencioné que no me importaba dónde predicaba, predicaría en la autopista si me lo permitían. Después de esa charla, los líderes de nuestro equipo de configuración me preguntaron si podían hablar conmigo. Confiaron: "Podemos conseguirte al menos veinte minutos". "¿De qué estás hablando?" Yo respondí. "Cuando dijiste que querías hablar en la autopista", continuaron. "Podemos bloquear una salida norte y sur de la autopista 99 y configurar rápidamente. Creemos que tendrá veinte minutos". No sabían que estaba bromeando, y no estoy seguro de si estaban bromeando. He querido probar eso desde entonces.

He hablado en la mayoría de los estados, varios países, continentes e incluso en una iglesia subterránea, que estaba en el séptimo piso en una caminata. ¡Mi lugar favorito del que he hablado fue la sala del Salón de la Fama en UCLA!

Hablaré casi en cualquier lugar, excepto tal vez el refugio de un estadio de béisbol de ligas menores con la música a todo volumen. Me alejé murmurando: "No necesito esto".

Sospecho que el apóstol Pablo tuvo murmullos similares cuando terminó fuera del camino trillado.

Pablo planeaba hablar en Roma. Tenía visiones de grandeza. Roma era el centro del mundo en su día, y estaba destinado a predicar allí. Pero sucedió algo gracioso en el camino: naufragó.

Una tormenta azotó durante catorce noches, tenía que ser aterradora.

> Luego los marineros ataron cuerdas alrededor del casco del barco para fortalecerlo.
>
> Hechos 27:17 (NTV)

He sujetado algunos de mis automóviles con cinta adhesiva, pero nunca sujeté un bote con una cuerda. ¿Puedes imaginar? Hay más:

> Al día siguiente, incluso tomaron parte del equipo del barco y lo arrojaron por la borda.
>
> Hechos 27:17 (NTV)

¿Lanzar equipo por la borda? ¿Puedes imaginar? Pero espera hay mas:

> Entonces los soldados cortaron las cuerdas al bote salvavidas y lo dejaron ir a la deriva.
>
> Hechos 27:31 (NTV)

¿No más botes salvavidas? ¿Puedes imaginar? Pero espera, se pone aún peor:

> La tripulación aligeró aún más el barco lanzando la carga de trigo por la borda.
>
> Hechos 27:38 (NTV)

¡Tiraron la comida por la borda! ¿Te imaginas lo deprimido que debe haberse sentido la gente después de perder todo y la comida también? Honestamente, a veces en el ministerio se siente como si hubiéramos dado todo, hemos arrojado todo lo que poseemos al problema, pero aún continúa.

> Chocaron contra un cardumen y encallaron el barco demasiado pronto. La proa del barco se atascó rápidamente, mientras que la popa fue golpeada repetidamente por la fuerza de las olas y comenzó a romperse. Los soldados querían matar a los prisioneros para asegurarse de que no nadaran en tierra y escaparan. Pero el comandante quería perdonar a Paul, por lo que no les permitió llevar a cabo su plan. Luego ordenó a todos los que podían nadar saltar por la borda primero y llegar a tierra. Los otros se aferraron a tablas o escombros del barco roto. Entonces todos escaparon a salvo a la orilla.
>
> Hechos 27:41-44 (NTV)

Pablo naufragó.

> Una vez que estuvimos a salvo en la costa, supimos que estábamos en la isla de Malta ... Hacía frío y llovía ... Mientras Paul recogía un puñado de palos y los estaba poniendo en el fuego, una serpiente venenosa, expulsada por el calor, mordió él en la mano.
>
> Hechos 28:2-3 (NTV)

La visión de Pablo era predicar en Roma. En cambio, se encontró en la pequeña, pequeña, fría, lluviosa e infestada de serpientes isla de Malta. Malta es una de las islas más pequeñas del mundo, es la capital nacional más pequeña de la Unión Europea.

En lugar de aterrizar en Roma, Pablo termina en Malta.

¿Alguna vez se propuso su idea de Roma y terminó en un lugar remoto pequeño, pequeño, frío, lluvioso y aparentemente infestado de serpientes como Malta? Tal vez sientas que estás ministrando en Malta en este momento.

Querías predicar en grandes catedrales, pero estás atrapado en una piragua de ligas menores y nadie te puede escuchar.

Antes de que lamentemos nuestras Maltas, terminemos la historia:

> Cerca de la costa donde desembarcamos había una finca perteneciente a Publio, el principal oficial de la isla. Nos recibió y nos trató amablemente durante tres días.
>
> Hechos 28:7 (NTV)

Es posible que conozcas a algunas buenas personas en tu Malta. Disfruta su amabilidad.

> Como sucedió, el padre de Publio estaba enfermo de fiebre y disentería. Pablo entró y oró por él, y poniendo sus manos sobre él, lo curó.
>
> Hechos 28:8 (NTV)

Tal vez tu Malta sea simplemente un desvío y tu trabajo sea curar a alguien en el camino a Roma. Publio fue bueno con Pablo, y Pablo fue bueno con Publio. Pero mira lo que pasó después:

> Luego vinieron todos los demás enfermos de la isla
> y fueron sanados.
>
> Hechos 28:9 (NTV)

Todos los enfermos de la isla fueron sanados. ¡Ahora que es un gran plan de salud! Publius-care es el único para votar. Todos fueron sanados, ¡todos!

Me gusta imaginar que Publio, o alguien como él, simplemente gritó a Dios: "No sé si estás ahí afuera, pero por favor ayuda a mi padre (o hijo o hija o amigo), están enfermos y yo estoy enfermo". indefenso. ¡Por favor, haz algo, Dios!

Entonces, el apóstol Pablo y su séquito aparecieron en los lugares más improbables, y el servicio de curación que estalla demuestra ser cien por ciento efectivo.

Aquí está el punto: *¡No te pierdas tu Malta!*

Su posición actual en el ministerio puede no parecer mucho, pero tal vez sea una Malta lista para el avivamiento.

¿Dónde encontramos oportunidades para que los alumnos del equipo de predicadores hablen? ¡Donde podamos! Los escenarios pueden parecer papas pequeñas, pero Dios puede usar los lugares más humildes para hacer el mejor de los trabajos.

Podemos enamorarnos tanto de desear tener la gran plataforma en Roma que terminamos perdiendo el ministerio principal en nuestra Malta. Queremos tanto ser honrados en las grandes ligas que extrañamos la asignación principal en un lugar menor.

Mire los dos resultados en Hechos 28:

> Como resultado nos bañaron con honores …
> Hechos 28:10 (NTV)

¿Por qué queremos ir a Roma? ¿Es porque queremos las grandes felicitaciones, los grandes premios, la notoriedad, el gran honor y el respeto? Tal vez nos estamos perdiendo la lluvia de honores que la gente en la pequeña y lluviosa Malta está esperando para darnos.

¿Quieres que te bañen con honores? Eso no es necesariamente un deseo malvado.

Pablo dijo esto a los tesalonicenses:

> Así que seguimos orando por ti, pidiéndole a nuestro Dios que te permita vivir una vida digna de su llamado. Que él te dé el poder de lograr todas las cosas buenas que tu fe te impulsa a hacer. Entonces el nombre de nuestro Señor Jesús será honrado por la forma en que vives, y serás honrado junto con él.
> 2 Tesalonicenses 1:11-12 (NTV)

Es recomendable tratar de lograr todas las cosas buenas que nuestra fe nos impulsa a hacer. ¡Hay honor en honrar a Jesús! Pero ese honor puede comenzar en Malta, no se salte su pequeña tarea.

Aquí está el segundo resultado:

> Como resultado, nos bañaron con honores, y cuando llegó el momento de navegar, la gente nos

proporcionó todo lo que necesitaríamos para el viaje.

Hechos 28:10 (NTV)

La gente en Malta les dio a Pablo y a sus compañeros *todo* lo que necesitaban para el viaje. ¡Las personas que entregaron su equipo, aparejos, botes salvavidas y comida al mar, se lo devolvieron todo y más!

Puede haber algunas personas en su pequeña Malta que terminarán proporcionándole todo lo que necesita para su próximo viaje a Roma.

Siga adelante y tome esa pequeña charla en el resto del hogar o en el grupo juvenil o en la clase de la Escuela Dominical, o incluso en el banquillo. Tal vez ese grupo te dará bendición y apoyo.

Hace décadas, estaba recaudando dinero para una iglesia en el Área de la Bahía. Estaba programado para hablar en un gran retiro de hombres, pero mi tiempo de presentación se redujo drásticamente porque el programa duró mucho. Estaba desanimado cuando salí a tirar algunas canastas en la cancha de baloncesto durante el tiempo libre. Un joven se detuvo para tirar unas canastas conmigo durante un par de minutos. Me hizo una o dos preguntas sobre la plantación de la iglesia y se fue. Ese joven rastreó mi información de contacto desde algún lugar y terminó siendo un apoyo financiero increíble.

Casi al mismo tiempo, hablé en una iglesia en Bakersfield, California. ¡Bakersfield es como Malta sin la exageración! Después de los servicios, fui invitado a almorzar en un restaurante especial. Seguí un convoy de autos a través de la ciudad, casi treinta minutos en las calles laterales a este llamado punto caliente. Nos detuvimos en la cafetería de Furr. ¿Furr? Furr's. ¡Furr's es como Denny's sin el dinamismo! Había un médico que vino a ese almuerzo. No recuerdo haberlo conocido, pero se convirtió en nuestro principal seguidor financiero durante una década. Dios me recordó que él es quien proporciona. ¡No te pierdas tu Malta! ¡No te pierdas tu Bakersfield! ¡No te pierdas la cafetería de tu Furr!

¿Cómo funciona la parte del dinero para los equipos de predicadores? ¿Pagas a tus maestros? ¿Cuánto cuesta? ¿De dónde sacas el dinero?

Hechos 28 responde a todas mis preguntas sobre dinero. Es un gran capítulo para recaudar fondos porque proporciona una respuesta simple: *¡No se preocupe por eso!*

Dios te dará todos los honores y todo lo que necesitas para tu próximo viaje. Solo sé fiel en los trabajos pequeños. Su Malta podría no ser el desvío, podría ser el destino.

Dos veces en las últimas tres semanas, los eventos programados para hablar comenzaron a ir de lado. Uno vio mi tiempo programado reducido a la mitad. El otro evento se volvió particularmente agravante ya que los detalles cambiaban constantemente y mi parte se minimizaba. En ambos casos solo quería cancelar. Nuestro equipo de predicadores se reunió y alguien crio a Malta. Dios me estaba recordando que permaneciera fiel. La paz me venció cuando viajé a mis Maltas, y ambos eventos resultaron increíblemente mejores de lo que podría haber imaginado.

Malta probablemente seguirá su itinerario más veces de lo que planea. Solo ve con eso, Dios tiene grandes planes incluso en los lugares pequeños.

Nunca he hablado en una Capilla de Béisbol desde el incidente de la liga menor con los Solano Steelheads en Vacaville, California. Terminé. Pero sí quiero informar que en el momento en que llegué a casa hice varias llamadas telefónicas. Le pregunté a dos hombres de nuestra iglesia si terminarían la temporada predicando para mí en esa Liga del Oeste. Y establecí un nuevo capellán para la siguiente temporada. Supongo que sentí que Dios me guiaba para establecer a alguien más para ministrar en Malta.

MINI-CASO DE ESTUDIO:
ONE COMMUNITY CHURCH, LINZ, AUSTRIA

El pastor principal Ray Schaser recientemente plantó One Community Church con la visión de comenzar un movimiento de plantación de iglesias en Linz y más allá. La iglesia comenzó con un plan de equipo de enseñanza.

Schaser dice: "Diferentes personas representan diferentes datos demográficos, diferentes puntos de vista y diferentes experiencias que pueden complementarse entre sí en la preparación de una serie de enseñanza o un sermón. Estoy orando y preparando el bosquejo básico para una serie de sermones y cada mensaje individual. Luego le pido a nuestro equipo de liderazgo y a los miembros del equipo de lanzamiento, especialmente aquellos con dones de enseñanza, que nos den su opinión".

El pastor Ray implementó un equipo de enseñanza en su último contexto ministerial. "En la planta de la iglesia anterior (Iglesia Internacional de Salem) tuvimos varios maestros y oradores talentosos. Solíamos sentarnos a principios de año y trazar el horario de enseñanza. Después, crearía un esquema y hablaría a las personas sobre las expectativas y los objetivos de una serie determinada y el mensaje específico que predicarían".

La nueva iglesia actualmente tiene solo dos maestros. "Sin embargo, con frecuencia me gusta hacer entrevistas y testimonios de cambio de vida en un estilo de entrevista, donde me preparo junto con la persona entrevistada y comparto su historia", dice el pastor.

¿Dónde encuentra una nueva iglesia oradores potenciales? Schaser escribe: "Tengo conversaciones sobre sus puntos de vista teológicos para asegurarme de que transmitan un mensaje bíblico y veraz y una perspectiva holística de un pasaje y su contexto. Le pregunto a la gente sobre sus dones espirituales y les pido que hablen en una noche de equipo antes de pedirles que hablen en un servicio dominical. Les doy retroalimentación para ver cómo lo manejan y si están abiertos a sugerencias e ideas para mejorar en su discurso. Rezo sobre qué temas serían adecuados para cierto maestro / orador".

Él continúa: "Trato de crear diferentes plataformas y oportunidades en grupos pequeños, en reuniones de equipo o actividades de divulgación para que la gente hable y pueda evaluar su potencial y áreas de crecimiento. Ayudo a las personas a las que les pido que preparen un mensaje en el proceso de preparación y proporciono comentarios y reflexiones sobre el tema, así como también cómo debe terminar el mensaje y cómo se integra en el servicio. Le pido a diferentes personas que preparen enseñanzas en diferentes entornos para evaluarlas antes de pedirles que hablen los domingos".

"La iglesia se construye a través de los diferentes dones que Dios ha puesto en los diferentes oradores y maestros", explica Schaser. "La preparación con un equipo siempre tendrá una visión más completa de un tema determinado que un solo orador / maestro por sí solo. El líder clave en una iglesia es liberado para liderar y no solo preparar sermones mientras él o ella también está entrenando a otros, ayudándolos a desarrollar su potencial dado por Dios para enseñar y comunicar su palabra de manera efectiva".

EL GRAN RETO:

¿Tienes una "¿Malta" en tu vida, una oportunidad disfrazada de callejón sin salida? Identifique qué recursos le está proporcionando Dios a través de esta situación que Él podría usar para hacer que las cosas cambien para Su Reino. Y deja de preocuparte por el dinero. Dios te dará todo lo que necesitas.

SECCIÓN SEIS

¿CUANDO?

CAPÍTULO 17

LA ESPERA

Por lo general, debe esperar lo que vale la pena esperar.
—Craig Bruce

A veces tienes que jugar mucho tiempo para poder jugar como tú.
—Miles Davis

Y Dios dijo: "Que haya luz", y había luz, pero la Junta de Electricidad dijo que tendría que esperar hasta el jueves para conectarse.
—Spike Milligan

Ese gran teólogo, Tom Petty, lo expresó bien: "La espera es la parte más difícil". Irónicamente, Petty tuvo que esperar a que surgiera esa canción exitosa para él y The Heartbreakers.

"'The Waiting' fue difícil", recordó Petty. "Estuve por semanas. Tengo el coro de inmediato. Y tuve ese riff de guitarra, esa buena lamida. No se pudo obtener nada más. La pasé muy mal. Y sabía que era bueno, y seguía sin parar. Fue uno de esos en los que realmente trabajé hasta que estuve demasiado cansado para ir más. Y me levantaría y comenzaría de nuevo y pasaría todo el día hasta el punto en que otras personas en la casa se quejarían. 'Has estado jugando esa lamer durante horas'. Muy duro".

Petty continuó: "Es uno que realmente ha sobrevivido a lo largo de los años porque es muy adaptable a tantas situaciones". Incluso pienso en esa línea de vez en cuando. Porque realmente no me gusta esperar. Soy peculiar porque llego a tiempo, la mayoría de las veces. Soy muy puntual".

"Roger McGuinn me jura que me dijo esa línea. Y tal vez lo hizo, pero no estoy seguro de que sea de donde lo obtuve. Recuerdo haberlo obtenido de algo que leí, que Janis Joplin dijo: 'Me encanta estar en el escenario, y todo lo demás está esperando'. Se trataba de esperar tus sueños y no saber si se harán realidad", dijo Petty. "Siempre sentí que era una canción optimista".

Cuando vuelo a la costa este, trato de programar mi vuelo con una conexión en el Aeropuerto Internacional O'Hare de Chicago. Siempre escojo la línea más larga en la tienda de comestibles. Voy al gimnasio a las 7 p.m. para soportar las multitudes. Nunca salgo temprano para vencer el tráfico. Claramente, estoy bromeando.

No soy fanático de las luces de señalización amarillas. Mi esposa me regaña por estar siempre apurado, "No es una carrera", me recuerda. Pienso: "¡Los que dicen que no es una carrera son los que no están ganando!"

Pero la vida está llena de pausas y aplazamientos. Robert Clinton enseña que las etapas de la fe son:

Sueño
Decisión
Retraso

Dificultad
Callejón sin salida
Liberación

En mi experiencia, la etapa más duradera tiende a ser la liberación. Esa es la buena noticia, pero la siguiente fase más larga es la demora. Pasamos un montón de tiempo esperando.

La Biblia está llena de demoras. Abraham y Sarah esperaron durante noventa años para tener un bebé. Los israelitas esperaron cuatrocientos años en la esclavitud. Moisés esperó cuarenta años en Madián. El pueblo de Dios esperó cuarenta años en el desierto. David esperó diecisiete años después de su unción para asumir por completo la corona destinada a ser suya. Jeremías predijo setenta años en el exilio. Jesús esperó treinta años para comenzar su ministerio público.

El ministerio parece ser principalmente sobre la espera. No estoy seguro de haber escuchado a un pastor decir: "Estamos creciendo demasiado rápido. Dios se está moviendo demasiado rápido". Principalmente lo que escucho es: "Va bien, pero el crecimiento no es lo suficientemente rápido para mí. Estoy esperando a Dios".

"¿Qué estabas haciendo cuando llegó la policía?" el juez le preguntó al acusado.

"Esperando, señor".

"¿Para qué?"

"Por dinero".

"¿Quién se suponía que debía darte el dinero?"

"El hombre que estaba esperando".

"¿Por qué iba a darte dinero?"

"Por esperar".

"Suficiente de esto", exclamó el juez. "¿A qué se dedica?"

"Soy un mesero".

Todos somos camareros, ¿no? Cuando estamos esperando al camarero, ¿no somos nosotros los camareros?"

Quizás nos gustaría comenzar a avanzar hacia un equipo de predicadores, pero no estamos preparados, no tenemos a la gente, no tenemos un plan, por lo que estamos esperando.

Jesús les dijo a sus seguidores que esperaran:

> Un día Jesús estaba comiendo con ellos. Él les dio una orden. "No dejes Jerusalén", dijo. "Espera el regalo que mi padre prometió. Me has escuchado hablar de eso. Juan bautizó con agua. Pero dentro de unos días serás bautizado con el Espíritu Santo".
> Hechos 1:4-5 (NVI)

Aquí está la pregunta, ¿qué se supone que debemos hacer cuando estamos esperando?

Mandy Hale postuló: "Lo que estamos esperando no es tan importante como lo que nos sucede mientras esperamos. Confía en el proceso".

Lo que vemos que hacen los apóstoles en respuesta al llamado de Jesús a esperar es una lista de qué hacer y qué no hacer para los camareros:

1. No esperes en la línea equivocada

Recientemente estuve en un modo de "apúrate y espera" en el aeropuerto O'Hare. El código del aeropuerto es "ORD", que es francés para retrasos innecesarios. En realidad, el sitio era originalmente un aeropuerto militar llamado Orchard Field. Luego se le cambió el nombre por el as volador de la Segunda Guerra Mundial, Edward Henry "Butch" O'Hare, en 1949. Creo que Butch llegó una hora tarde a cada reunión en su vida. (¡Tenía tiempo esperando en el aeropuerto para buscar el historial!) De todos modos, mi escala programada fue de menos de una hora y el viaje de puerta en puerta me llevó más de treinta minutos. Cuando llegué a mi puerta de conexión, vi a un grupo de personas en la fila. El avión estaba en tierra, pero esperando que el avión actual retrocediera desde la puerta. Nos quedamos en la fila. Para nuestra sorpresa, el letrero de la puerta cambió de repente a "Springfield". El pánico golpeó. ¿Habíamos estado esperando en la línea equivocada todo este tiempo? Un pasajero lo resumió mejor: "¿Dónde está Springfield y quién quiere ir allí?"

Jesús les dijo a sus seguidores que esperaran el don del Espíritu Santo. Esperar a Dios tiene sentido. Pero algunos de nosotros esperamos que todo sea perfecto. Tal vez estamos esperando que aparezca el miembro perfecto del equipo o que el cien por ciento de la congregación se una.

> El Rey Salomón advirtió: "Si espera condiciones perfectas, nunca logrará nada".
> Eclesiastés 11:4 (Biblia Viviente)

El taxista cubano nos conducía tranquilamente por La Habana en su improvisado Chevy Suburban de 1948. No parecía tener ningún sentido de urgencia. Las luces de señal verde en La Habana también tienen un reloj numerado, generalmente a partir de las 60, que cuenta hasta cero cuando la luz se vuelve amarilla. Notamos algo peculiar sobre este controlador en particular. Cada vez que el reloj llegaba a los diez segundos más o menos, pisaba el freno. Realmente nos detendríamos en las luces verdes. Fue frustrante, pero nos dimos cuenta de que se estaba divirtiendo mucho con nuestro grupo, y le estábamos pagando extremadamente bien, probablemente el salario de un mes en Cuba, que no quería que el viaje terminara.

Muchos de nosotros nos sentimos tan cómodos que podríamos parar en las luces verdes.

2. No te quedes demasiado atrapado en el calendario

Cuando los apóstoles se reunieron, le hicieron una pregunta a Jesús: "Señor", dijeron, "¿Vas a devolver el reino a Israel ahora?" Él les dijo: "No deben preocuparse por las horas o las fechas. El Padre los ha establecido por su propia autoridad" (Hechos 1: 6-7, NVI).

Jesús advirtió a sus discípulos que no se preocuparan por los tiempos o las fechas. Sin embargo, estamos tan atrapados en el calendario.

"Uno de los principales villanos en la gestión del tiempo, sorprendentemente, es el calendario", dice el economista conductual Dan Ariely. "El calendario no nos permite escribir todo en él, así que lo que sucede es que cualquier cosa que podamos representar en el calendario tiene prioridad sobre las cosas que realmente queremos hacer".

En nuestra red de liderazgo, alentamos a los líderes a centrarse en ser impulsados por la salud, no en el calendario.

Salomón estaba al tanto cuando escribió: "Dios hace todo bien y a tiempo, pero la gente nunca puede entender completamente lo que está haciendo" (Eclesiastés 3:11, GNV).

Gene Simmons lo expresó bien cuando dijo: "No espero que el calendario descubra cuándo debería vivir la vida".

3. No te quedes ahí parado

Muchos de nosotros vivimos bajo el dicho: "Si las cosas buenas les llegan a los que esperan, ¿por qué es tan mala la procrastinación?"

Thomas Carlisle observó: "Las personas que nunca pensarían en suicidarse o terminar con sus vidas no piensan en regatear sus vidas en minutos y horas inútiles todos los días".

Después de que Jesús dijo esto a sus discípulos, fue llevado ante sus propios ojos, y una nube lo ocultó de su vista.

> Estaban mirando fijamente hacia el cielo mientras él iba, cuando de repente dos hombres vestidos de blanco se pararon a su lado. "Hombres de Galilea", dijeron, "¿por qué están parados aquí mirando hacia el cielo?"
>
> Hechos 1:9-11 (NVI)

Quizás esos dos ángeles eran los mismos que Lucas describió en su relato de resurrección:

> Pero muy temprano el domingo por la mañana, las mujeres fueron a la tumba y tomaron las especias que habían preparado. Descubrieron que la piedra había sido retirada de la entrada. Entonces entraron, pero no encontraron el cuerpo del Señor Jesús. Mientras se quedaron perplejos, dos hombres se les aparecieron repentinamente, vestidos con túnicas deslumbrantes. Las mujeres estaban aterrorizadas y se inclinaban con la cara en el suelo. Entonces los hombres preguntaron: "¿Por qué buscas entre los muertos a alguien que está vivo? ¡Él no está aquí! ¡Ha resucitado de entre los muertos!
>
> Lucas 24:1-6 (NTV)

Los dos ángeles parecían tener un mensaje: ¡No te quedes ahí parado, haz algo!

> Un hombre se cansa más mientras está parado.
> —Proverbio chino

En una tienda, una señora hacía cola esperando pagar sus artículos. Tres hombres se pararon frente a ella en la fila. Después de quince minutos, se dio cuenta de que la línea no se movía en absoluto. Ella le gritó al cajero, "¿Esta línea va a tomar todo el día?" El cajero respondió: "Por favor, apártate, señora, y ven aquí. Estás parado detrás de tres maniquíes".

Si no está listo para lanzar un equipo docente completo, no tiene que quedarse parado, paralizado por la actuación.

4. No esperes solo

> Todos se encontraron …
> Hechos 1:14 (NTV)

Esperar es un poco más fácil si tienes a alguien con quien esperar. Todos los apóstoles esperaron juntos.

Tal vez no tienes todo en su lugar para lanzar un equipo docente. Puede unirse a un grupo núcleo del equipo de enseñanza y trabajar en su predicación con otros mientras espera.

Los apóstoles no esperaron en la línea equivocada ni quedaron atrapados en el calendario o simplemente se quedaron allí o esperaron solos. ¿Entonces, qué hicieron?

1. Ora

> Todos se unieron constantemente en oración, junto con las mujeres y María, la madre de Jesús, y con sus hermanos.
> Hechos 1:14 (NVI)

Sospecho que Dios permite momentos de espera para empujarnos hacia él en oración.

Abraham Lincoln admitió: "Muchas veces me arrodillé por la abrumadora convicción de que no tenía a dónde ir. Mi propia sabiduría y la de todo sobre mí parecía insuficiente para ese día".

E. M. Bounds sugirió: "Solo Dios puede mover montañas, pero la fe y la oración mueven a Dios".

Mientras esperamos que emerjan los maestros; para que los líderes de la iglesia adopten un enfoque de equipo y para oportunidades de enseñanza en equipo, recemos y pidamos a Dios que proporcione maestros, mover líderes, otorgar oportunidades y empujarnos hacia adelante.

2. Trata mis problemas

He vivido muchas situaciones en las que, conocidos, amigos, colegas e incluso miembros de la familia extendida se volvieron hacia mí o incluso se movieron hacia la traición. Pero no puedo imaginar cómo se sintieron los once apóstoles cuando vieron a Judas entregar a Jesús a asesinos por treinta monedas de plata.

Sin embargo, lo que es casi tan sorprendente es que Peter se enfrente a la tragedia:

> Pedro se levantó y se dirigió a ellos. "Hermanos", dijo, "las Escrituras tenían que cumplirse con respecto a Judas, quien guio a los que arrestaron a Jesús. Esto fue predicho hace mucho tiempo por el Espíritu Santo, hablando a través del rey David. Judas fue uno de nosotros y compartió el ministerio con nosotros".
> Hechos 1:15-17 (NTV)

Mientras los discípulos esperaban al Espíritu Santo para presentarse, hicieron un grupo de asesoramiento. Ellos hablaron sobre lo que había pasado a través de su ex compañero de equipo, Judas.

¿Escuchaste sobre el tipo que fue mordido por un perro rabioso? Un amigo fue a ver cómo estaba y encontró el tipo escribiendo furiosamente. El amigo le dijo que la rabia podría curarse y no tenía que preocuparse por el testamento. El hombre dijo: "¿Testamento? ¿Qué testamento? Estoy haciendo una lista de la gente que voy a morder!"

Tal vez Dios nos tiene en una sala de espera porque tenemos algo de equipaje en nuestro pasado que tenemos que perder.

Henry Cloud comparte en su libro *9 cosas que simplemente Debe hacer*, "Aquellos que tienen éxito en la vida no pueden ignorar sus corazones, mentes y almas ... escuchan lo que está pasando por dentro, bueno o malo. Lo plantean y se ocupan de ello. Si es bueno, encuentran un lugar adecuado para su expresión y crecimiento. Si no es bueno, también se encargan de eso".[57]

> Jesús dijo: "Padre, perdónalos, porque no saben lo que están haciendo".
>
> Lucas 23:34 (NVI)

Perdonar significa simplemente dejar ir. Cuando hacemos la transición, Necesitamos dejar ir el pasado, dejar ir el dolor, dejar ir el equipaje.

> Debido al gran amor del Señor, no somos consumidos, porque su compasión nunca falla. Son nuevo cada mañana. Grande es tu fidelidad.
>
> Lamentations 3:22-23 (NIV)

---

57 Henry Cloud, *9 cosas que simplemente debes hacer para triunfar en el amor y la vida: un psicólogo investiga el misterio de Por qué Algunas Vidas Realmente Funcionan y otras no* (Nashville: Thomas Nelson, 2004).

Dios tiene nueva compasión por nosotros cada mañana. Hipocresía también perdonamos a los demás?

En el check-in de la aerolínea, un cliente tiene tres maletas. Él los deja y le dice al empleado: "Me gustaría que me enviaras éste a Río, aquél a Sydney, y el último a Cape Town ". Su expresión se nubla, pero el entrenamiento lo requiere y ella dice: "Me temo que no podemos hacer eso, señor". "Por qué no, lo hicieron la última vez que volé con ustedes!"

Mientras espera, asegúrese de deshacerse de cualquier equipaje de mano.

3. Estudia las Escrituras

Pedro continuó:

> Esto fue escrito en el libro de los Salmos, donde dice: "Que su hogar se vuelva desolado, sin que nadie viva en él". También dice: "Que alguien más tome su posición".
>
> Hechos 1:20 (NTV)

Tengo que creer que Pedro no tenía los Salmos 69 y los Salmos 109 memorizados. Sospecho que se encontró con esos pasajes cuando estaba leyendo las Escrituras mientras esperaba.

Abraham Lincoln profesó: "Estoy provechosamente dedicado a leer la Biblia. Toma todo este libro que puedas por la razón y el equilibrio por la fe, y vivirás y morirás como un hombre mejor".

George Washington Carver agregó: "¿El secreto de mi éxito? Es simple. Se encuentra en la Biblia: "Reconócelo en todos tus caminos y Él dirigirá tus caminos".

También creo que Dios permite temporadas de retraso para entrenarnos. Las luces amarillas pueden ser un gran regalo porque podemos hacer una pausa, aprender y crecer antes de pisar el pedal a fondo.

4. Recluta y reemplaza

> Así que ahora debemos elegir un reemplazo para Judas de entre los hombres que estuvieron con nosotros todo el tiempo que estuvimos viajando con el Señor Jesús.
>
> Hechos 1:21 (NTV)

Mike Drury dice: "Reproducir requiere reemplazar. Si va a reproducirse regularmente, tendrá que reemplazarlo repetidamente".

Los apóstoles reemplazaron a Judas en el equipo. E hicieron esto mientras esperaban la luz verde de Dios.

Estamos muy entusiasmados con el reclutamiento. Reunimos personas en nuestros equipos de enseñanza o lanzamos equipos o personal de la iglesia. ¿Pero alguna vez nos molestamos en asegurarnos de que sean reemplazados en el equipo en el que estaban antes?

El ministerio trata sobre el desarrollo constante del liderazgo. El liderazgo siempre busca a la siguiente persona, se trata de reclutar siempre. ¿Qué hay de reemplazar? Eso es algo que podemos hacer durante el juego de espera.

Cuando espere que su filosofía de enseñanza o su equipo de predicación tome forma, dedique un tiempo a reclutar y reemplazar.

Janis Joplin declaró: "Me encanta estar en el escenario, y todo lo demás está esperando".

Tengamos cuidado de no adoptar esa postura. Claro, al reunir un equipo docente, al adoptar ese enfoque de equipo, habrá mucha espera. La espera puede ser difícil, pero puede ser una parte muy valiosa de nuestro propio desarrollo.

La conclusión de Tom Petty sobre su canción "The Waiting" dice: "Siempre sentí que era una canción optimista".

Mientras esperamos que se materialice nuestra visión, nuestro enfoque de equipo, podemos vivir con anticipación y optimismo.

MINI-CASO DE ESTUDIO:
RESTAURAR COMMUNITY CHURCH, KANSAS CITY, MISSOURI

El pastor principal Troy McMahon es un maestro en el desarrollo de líderes. Uno de los principios fundamentales de reproducción de la iglesia es que todos van a "dos profundidades", lo que significa que cada ministro debe enseñar a alguien a hacer lo que hacen. En Restore, se llama *aprendizaje*.

Dan Southerland se unió recientemente al personal de Restore. Dan dice: "Es fundamental tener una reproducción de ADN en su iglesia. He estado usando un enfoque de enseñanza en equipo durante treinta años. Mi creencia es que es más saludable para la iglesia, para el pastor y para el equipo cuando usamos múltiples maestros. Si el pastor principal es el único maestro, no está modelando equipo, no está modelando reproducción, no está enseñando a otra persona a hacer lo que hace. El modelo de liderazgo que se usa en el púlpito se replica en toda la iglesia. Muéstrame un pastor que enseñe todo y puedo garantizarte que cada equipo en su iglesia tiene un líder y que nadie más en la iglesia está usando el liderazgo del equipo".

En Restore hay cuatro oradores regulares, pero la iglesia rotará de cuatro a cinco oradores más cada año. El pastor principal habla el cincuenta por ciento del tiempo; otros dos maestros hablan el veinte por ciento cada uno, y la iglesia cubre el otro diez por ciento con la gente de una vez al año.

En la iglesia anterior de Dan, Westside Family Fellowship en Kansas City, utilizaron un modelo de porcentaje del 40/30/20 con los tres maestros y cubrieron el otro diez por ciento con las personas una vez al año.

Los líderes de Restore buscan comunicadores talentosos que ofrezcan un enfoque, sensación y estilo diferente al que yo ofrezco.

El jueves se repasa la enseñanza antes de los servicios de fin de semana. El predicador enseña el sermón a ocho o diez personas, quienes luego le dan retroalimentación sobre lo que funcionó, lo que no funcionó, lo que tenía sentido, lo que no tenía sentido y lo que debe cambiarse. Este enfoque de retroalimentación directa ha sido de gran ayuda.

El resultado de su enfoque de equipo es que la iglesia obtiene una oferta de enseñanza más equilibrada.

Southerland afirma: "La mayoría de los hablantes son mejores cuando no hablan todos los domingos. Modela el liderazgo del equipo. Se necesita mucho trabajo para permanecer en la misma página. Varios maestros requieren más preparación y planificación, pero vale la pena".

EL GRAN RETO:

¿Qué estás esperando ahora? ¿Hay algún problema en tu vida con el que debas lidiar mientras esperas? Ore, lea las Escrituras y confíe en personas piadosas; tal vez puedan ayudarlo a identificar y tratar cualquier cosa que necesite aclararse antes de iniciar el siguiente paso de su ministerio de enseñanza.

CAPÍTULO 18

NO TE ESTAS HACIENDO MAS JOVEN

El cambio casi nunca falla porque es demasiado temprano. Casi siempre falla porque es demasiado tarde.

—Seth Godin

Dentro de veinte años estará más decepcionado por las cosas que no hizo que por las que hizo. Así que suelta las amarras. Navega lejos del puerto seguro.

—Mark Twain

El tiempo no es lo principal, es lo único.

—Miles Davis

"No espere recibir ninguna reacción del primer grupo de servicio", me advirtió el pastor cuando el personal de la iglesia asintió con la cabeza. "Son viejos y no responden. Pero no se preocupe: la segunda y tercera persona de servicio lo rastrearán y esperarán cada palabra".

Durante el primer servicio, me sorprendió el nivel de energía de la congregación. Se rieron incluso de lo peor de mis chistes y se quedaron pegados a cada palabra mientras yo predicaba. El pastor asociado corrió hacia mí después del servicio. "Debes ser un gran comediante", dijo emocionada, "porque nunca había escuchado a ese grupo reír tanto. ¡Buen trabajo!"

Me sentí bastante bien conmigo mismo, hasta el segundo y tercer servicio. Mis expectativas eran altas, pero la gente de esos servicios solo se rió un poco. Fueron algo receptivos, nada como el personal predijo.

Conduciendo a casa, me di cuenta. "Uh oh, tal vez la gente mayor me quería porque en realidad soy … ¡viejo!"

Aquí está el punto: no me estoy volviendo más joven, y tú tampoco.

¿Cuándo comenzarás a tomar en serio la enseñanza en equipo?

Me gusta esta cita de Anthony Myers: "No mucha gente sabe esto de mí, pero soy un viajero en el tiempo. El único inconveniente es que hasta ahora, solo puedo viajar en el tiempo al mismo ritmo que todos los demás".

Sospecho que muchas iglesias viajan en el tiempo más despacio que los demás.

Eric Hoffer sugiere: "En tiempos de cambio, los aprendices heredan la Tierra, mientras que los que yo saben todo se encuentran bellamente equipados para lidiar con un mundo que ya no existe".

No quiero dirigir una iglesia que esté hermosamente equipada para lidiar con un mundo que ya no existe. Entonces necesito saber los tiempos.

Todos los niños habían sido fotografiados, y la maestra estaba tratando de persuadirlos para que compraran una copia de la foto grupal. "Piensa en lo agradable que será mirarlo cuando seas adulto y decir: 'Ahí está Jennifer, es abogada' o 'Ahí está Michael, él es médico' o 'Ahí está

Davey, él es el alcalde'. Una pequeña voz en el fondo de la sala sonó, "Y ahí está la maestra, está muerta".

En *The Laws of Communication for Preaching*, Dave Snyder comparte: "D.L. Moody estaba predicando un servicio en Chicago. Era la multitud más grande a la que había predicado. Esperó para llamar al altar hasta el próximo servicio. Pensó que más personas acudirían la semana siguiente. Moody nunca llegó a predicar ese mensaje. Antes de que pudiera llegar al púlpito el domingo 8 de octubre de 1871, una vaca volcó una linterna en un granero y comenzó el Gran Incendio de Chicago. El fuego quemó la ciudad por días. Cientos murieron, cientos de miles quedaron sin hogar y Moody no pudo mantener el servicio final. Prometió a partir de entonces que nunca celebraría un servicio sin dar a las personas la oportunidad de entregar sus vidas a Cristo".

¿Es hora de hacer algo diferente en su predicación, como compartirlo con un equipo?

Will Rogers bromeó: "Incluso si estás en el camino correcto, te atropellarán si te sientas allí".

El capítulo doce de Hechos describe la historia del milagroso escape de Pedro de la prisión. El rey Herodes hizo matar al apóstol Juan, y Pedro era el siguiente en la fila.

> La noche antes de que Pedro fuera juzgado, estaba dormido, atado con dos cadenas entre dos soldados. Otros hicieron guardia en la puerta de la prisión. De repente, había una luz brillante en la celda, y un ángel del Señor se paró frente a Pedro.

El ángel lo golpeó en el costado para despertarlo y dijo: "¡Rápido! ¡Levántate!" Y las cadenas se le cayeron de las muñecas. Entonces el ángel le dijo: "Vístete y ponte las sandalias". Y él hizo. "Ahora ponte el abrigo y sígueme", ordenó el ángel. Entonces Pedro salió de la celda, siguiendo al ángel. Pero todo el tiempo pensó que era una visión. No se dio cuenta de que realmente estaba sucediendo. Pasaron el primer y segundo puesto de guardia y llegaron a la puerta de hierro que conducía a la ciudad, y esto se abrió para ellos por sí solo. Entonces pasaron y comenzaron a caminar por la calle, y luego el ángel de repente lo dejó. Peter finalmente recuperó el sentido. "¡Realmente es verdad!" él dijo. "¡El Señor envió a su ángel y me salvó de Herodes y de lo que los líderes judíos habían planeado hacerme!"

Hechos 12:6-11 (NTV)

Pedro pensó que estaba teniendo una visión, pero Dios tenía planes más grandes.

Cuando se dio cuenta de esto, fue a la casa de María, la madre de Juan Marcos, donde muchos se reunieron para orar. Llamó a la puerta de la puerta y una criada llamada Roda vino a abrirla. Cuando reconoció la voz de Pedro, se alegró tanto que, en lugar de abrir la puerta, entró corriendo y les dijo a todos: "¡Peter está parado en la puerta!"

Hechos 12:12-14 (NTV)

A veces somos como Roda. Estamos muy emocionados, pero en realidad no tomamos las medidas correctas.

"¡Estás fuera de mi mente!" ellos dijeron. Cuando ella insistió, decidieron: "Debe ser su ángel".

Este es un claro relato histórico y bíblico donde la iglesia está claramente equivocada. A veces las personas bien intencionadas se equivocan. A veces las personas buenas no tienen razón. A veces las personas que van a la iglesia, incluso los líderes, no saben de qué están hablando. Estas personas estaban tan atrapadas a su manera, tan atrapadas en sus propias cabezas, y tan atadas por sus propias tradiciones que pensaron que la idea de algo nuevo era ridícula.

Maurice Maeterlinck advirtió: "En cada encrucijada en el camino que conduce al futuro, la tradición ha colocado a 10.000 hombres para proteger el pasado".

> Mientras tanto, Pedro continuó tocando. Cuando finalmente abrieron la puerta y lo vieron, quedaron asombrados.
> Hechos 12:16 (NTV)

Aquí está el punto: *¡Sigue tocando!*

Comience ahora, haga que algo suceda. Toca algunas puertas. Incluso si no se abren, sigue tocando.

> Moisés dijo: "¡Setenta años nos son dados! Algunos incluso viven hasta ochenta. Pero incluso los mejores años están llenos de dolor y problemas; pronto desaparecen, y nos vamos volando … Enséñanos a

darnos cuenta de la brevedad de la vida, para que podamos crecer en sabiduría".

Salmo 90:10, 12 (NTV)

Y Pablo aconsejó: "Sabes en qué tipo de veces vivimos, por lo que debes vivir adecuadamente. Es tiempo de despertarse. Sabes que el día en que seremos salvos está más cerca ahora que cuando ponemos por primera vez nuestra fe en el Señor "(Romanos 13:11, NTV).

El Libro de los Hechos cuenta:

> Las multitudes escucharon atentamente a Felipe porque estaban ansiosos por escuchar su mensaje …
>
> Hechos 8:6 (NTV)

Felipe no era el pastor principal. Él no estaba en el equipo de liderazgo. Era simplemente un recluta para servir a las personas a medida que la iglesia crecía. Se convirtió en un gran predicador. La multitud estaba ansiosa por escucharlo.

Tienes el mismo tipo de personas en tu medio. Sigue tocando, sigue liderando y sigue intentando hacer que algo suceda.

Matt Woodley, editor de *Preaching Today*, admitió: "Puedo atascarme en mis propias rutinas de predicación: mis géneros favoritos de las Escrituras, mi bosquejo estándar o conclusión típica y mi forma consistente de aplicar el texto. Se convierte en una plantilla de predicación de Matt Woodley. Para mis oyentes, esta rutina se vuelve predecible y quizás incluso aburrida. También me impide crecer como predicador. Y para nuestra iglesia en su conjunto, evita que nuestra gente escuche todo el consejo de Dios".

Es hora de salir de nuestras rutinas de predicación.

Mark Twain dijo: "¡No pospongan hasta mañana lo que se puede posponer hasta pasado mañana!" Añadió: "Si estás tentado a posponer algo hasta mañana. Examínelo, ¡tal vez pueda posponerlo indefinidamente!

Hemos estado viviendo en modo de aplazamiento durante demasiado tiempo.

Alfred Nobel, un químico sueco, hizo su fortuna inventando potentes explosivos y autorizando la fórmula a los gobiernos para fabricar armas. En 1888, el hermano de Nobel murió, y un periódico por accidente imprimió un aviso de obituario para Alfred en lugar del hermano fallecido.

Lo identificó como el inventor de la dinamita que hizo una fortuna al permitir a los ejércitos alcanzar nuevos niveles de destrucción masiva. Nobel tuvo una oportunidad única de leer su propio obituario y ver cómo sería recordado. Se sorprendió al pensar que esto era lo que su vida sumaría: sería recordado como un comerciante de muerte y destrucción. Nobel hizo una gran transición en su vida en ese momento. Tomó su fortuna y la usó para establecer los premios por logros que contribuyen a la vida en lugar de la muerte: el Premio Nobel. Y hoy, Nobel es recordado por su contribución a la paz y los logros humanos, no por los explosivos.

No nos estamos haciendo más jóvenes. Pero aún no estamos muertos. ¡Podemos hacer la diferencia y podemos comenzar ahora!

George Patton afirmó: "Un buen plan ejecutado violentamente ahora es mejor que un plan perfecto ejecutado la próxima semana".

Y Shakespeare escribió: "Mejor tres horas demasiado pronto que un minuto demasiado tarde".

Ray solo me había escuchado hablar una vez cuando me invitó a predicar en su nueva iglesia en Linz, Austria. Mientras nos preparábamos unos minutos antes del inicio del servicio, Ray preguntó: "¿Conocen la invitación que dieron al final del mensaje que escuché que predicaban en Ohio?" "No siempre hago eso", confesé. "¿Puedes hacer eso aquí?" "No tengo que hacerlo", respondí. "Quiero que lo hagas, pedirle a la gente que entregue sus vidas a Jesús y que levanten la mano si se comprometen". "Creo que sería mejor para ti hacer eso, ya que estás traduciendo", respondí. "Quiero que lo hagas", dijo. "Usted es el pastor", debe hacerlo ", le respondí. Finalmente, Ray dijo: "Quiero comenzar a hacer invitaciones regularmente, pero me ayudaría si lo hicieras por primera vez". Yo cedí.

Al final del mensaje, con la traducción de Ray, dirigí a la congregación en la oración ABC: A – Admitimos que necesitamos a Jesús. B – Basado en su muerte y resurrección por nosotros cree que Jesús nos ofrece perdón. C – Comprométete a seguir a Jesús lo mejor que podamos por el resto de nuestras vidas. Luego le pedí a cualquiera que orara esa oración, a cualquiera que hiciera ese compromiso, que levantara la mano y lo reconociera.

No pasó nada. Ni siquiera los grillos chirriaron. Ni un alma levantó la mano. Estaba un poco sorprendido y más que un poco avergonzado, pero seguí hablando. Ni siquiera estoy seguro de lo que dije, seguí hablando. No soy manipulador, así que no pretendí ver respuestas o mentir, "Sí, veo esa mano". Seguí hablando y pensando: "Le dije a Ray que debería haber hecho la invitación". Estaba trabajando en mis inseguridades cuando recordé el viejo adagio de Campus Crusade: "Testificar es compartir las buenas nuevas en el poder del Espíritu Santo y dejar los resultados a Dios".

Después de lo que pareció una eternidad, me había calmado e hice las paces con la falta de respuesta cuando sucedió algo extraño. Un joven levantó la mano. Y luego otra persona levantó la mano. Y luego otro, y otro, y otro y otro.

Rápidamente cerré en oración y me senté. Estaba perturbado y asombrado. El servicio había terminado, y yo todavía estaba confundido cuando Ray corrió hacia mí para decirme que estaba tan emocionado por la respuesta. Nos llevaron a las reuniones y no tuve un momento para procesar la experiencia hasta el día siguiente en el viaje de regreso a Alemania.

¿Por qué nadie respondió? ¿Y entonces por qué levantaron la mano después de tanto tiempo? De repente me di cuenta: ¡la traducción! El retraso fue por la traducción del mensaje.

Inmediatamente me recordaron lo que sucede cuando predicamos. A veces parece que no pasa nada. Parece que no hay respuesta. Nos preguntamos si solo estamos hablando en el sueño de otra persona. A veces la respuesta es inmediata. Hay momentos en que podemos decir que estamos haciendo la diferencia.

La verdad es que predicar siempre hace la diferencia. Es posible que no podamos decirlo ahora, pero Dios siempre está trabajando. Podemos estar entusiasmados con los resultados o quizás nunca comprendamos el impacto, pero Dios se está moviendo a través de nuestra predicación. Así que sigamos predicando, y alentemos a otros a predicar también.

> ### EL GRAN RETO:
> ¡Haga algo! Pídale a alguien más que predique. Trabaja en un libro de predicación con un par de amigos de tu iglesia. Brinde otra oportunidad a los maestros en entrenamiento. Haga algo, de modo que cuando alguien le pregunte si leyó este libro, puede responder que lo leyó, y puede indicar específicamente qué acción le llevó a tomar el libro.

Si desea obtener más información sobre predicacion en equipo en su área, o para conectarse con un entrenador / consultor sobre su ministerio, visite:

www.ExcelNetwork.org/Next-Steps

www.ingramcontent.com/pod-product-compliance
Lightning Source LLC
Chambersburg PA
CBHW070048080526
44586CB00013B/967